BUSINESS KYOIKU

Kenjiro Ishihara
石原健次郎 著

Introduction to statistics
for securities analysis

証券分析のための統計学入門

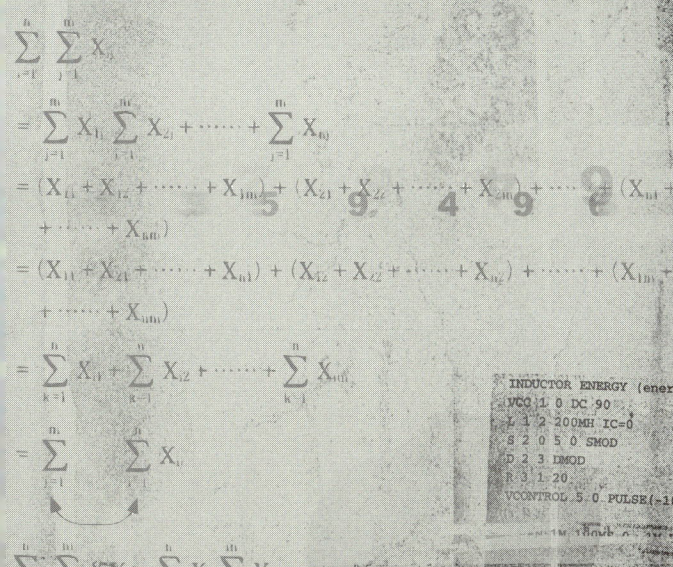

ビジネス教育出版社

まえがき

　本書は、証券アナリストを目指す人や証券の統計分析に興味がある人を対象として、実務家の観点から、証券分析をするために必要な統計および確率の基礎を解説しています。数学が不得意な方も理解できるよう解説することを目指していますが、一応Σの演算式の使い方はマスターされることをお勧めします。本書は証券アナリスト試験のための参考書として企画されたものではありませんが、1次レベルの試験対策としても役立つよう配慮しました。より実践に即した分析のための、統計学の基礎知識を解説することを目指しています。

　証券分析では、株価等の時系列データを頻繁に使うため、統計分析の知識は不可欠です。しかし、一般的な統計学の書物では証券分析独特の統計処理方法を見つけるのはなかなか容易ではありません。また、ファイナンス等の金融関係の専門書では、統計学の初歩的な解説はあっても、証券分析と統計を融合した実践的な解説書はあまり見当たりません。そこで執筆にあたっては、金融業界に長年携わってきた実務家の観点から、両分野の融合を目指して一冊で証券分析に必要な統計の基礎が理解できるよう配慮しました。とはいえ、一応基礎的な統計学の書物がカバーする分野は取り上げています。証券分析への応用は練習問題等を通じて深めていただきたいと思います。

　統計学では普段耳慣れない言葉が多く使われます。特に、仮説検定で顕著ですが、それらの専門用語は覚える必要はありません。考え方さえ理解していれば十分だと思います。

　第1章では統計学の基礎的な概念や統計学の位置づけなどを簡単に解説しています。第2章ではデータの特徴を定量的に表すための尺度とその計算方法を解説しています。最後に、第3章で統計解析のための手法を解説しています。随所に具体例を紹介し、各項目の最後に練習問題を加えて、理解が深まるよう心掛けました。

まえがき

　ノーベル経済学者も参加したヘッジファンドが、巨額の資金を集めて債券投資をしたものの、統計学的にありえないはずのことが起こって大失敗し、金融市場を震撼させました（LTCM危機）。その一方で、著名な経済学者のケインズは証券投資でも大成功を収めたそうです。

　統計は万能ではありません。使い方を間違えれば悲惨な結果を迎えることもあります。証券分析の最終ゴールは将来の金融資産の価格の予測だと思います。しかし、いくら立派な分析をしても、予測が外れてばかりでは実践的とは言えません。それほど緻密でない分析でも、予測が当たるほうが評価されるかもしれません。成功を収めるには、まず統計と金融・証券の基礎をしっかり理解する必要があります。

　最近ではネット上で、証券データのみならず多様な統計データが無償または低コストで容易にダウンロードできるようになり、Excel等の表計算ソフトでも統計分析が容易にできるようになりました。

　読者の皆様も証券分析に必要な統計の基礎をしっかり学んで、ケインズのように成功を収められることを期待しています。本書がそのための一助となることを願ってやみません。

石原　健次郎

目 次

第1章　統計学の基礎的概念

1　情報とデータ ……………………………………………………………………11

　1.1　データの種類　11
　1.2　データの分類　12
　1.3　統計学上のデータの捉え方（母集団と標本）　14

　　　1.3.1母集団と標本／1.3.2集団と個体／1.3.3母集団のサイズと標本のサイズ・抽出方法／
　　　1.3.4母集団とサンプリング方法の関係／1.3.5標本のサイズとコストとの関係

　　　　　　　　　　　　　　まとめ　　　　18

2　統計学の位置づけと目的 ………………………………………………………19

　2.1　統計学の目的　19
　2.2　確率と統計の関係　20

　　　　　　　　　　　　　　まとめ　　　　21

第2章　基礎統計量

1　統計量とは ………………………………………………………………………23

　　　　　　　　　　　　　　まとめ　　　　24

2　データの標準的または中間的な姿を表す尺度 ………………………………25

　2.1　いろいろな平均値　26

　　　2.1.1相加平均（算術平均または単純平均）／2.1.2加重平均（加重相加平均）／
　　　2.1.3移動平均

　2.2　異常値（外れ値）を除いて平均を求める方法　32
　2.3　メディアン（中位数または中央値）　34

目 次

  2.4 モード（最瀕値） 35
      まとめ   36
      練習問題   37

3 データのばらつき度合を表す尺度 ……………………37

  3.1 偏差、分散、標準偏差 37
  3.2 ボラティリティ 43
  3.3 データのばらつき度合の比較 43
      まとめ   44
      練習問題   45

4 証券のリターンとリスク ……………………………………46

  4.1 証券のリターンとリスク 46
  4.2 リスク、リターンとパフォーマンスの評価 48
      まとめ   50
      練習問題   51

5 平均、分散、標準偏差の基本的な特性 ……………52

  5.1 すべての個体のデータに定数を加えた場合 52
  5.2 すべての個体のデータに定数を乗じた場合 52
  5.3 平均、分散、標準偏差の基本的な特性の一般形 53
    5.3.1 平均／5.3.2 分散／5.3.3 標準偏差
      まとめ   54
      練習問題   54

6 データのばらつきの形状を表す分布 ……………………55

      まとめ   58

目　次

7　データ集団間の関係を表す尺度 59

7.1　相関図（または散布図）　59
7.2　共分散　62
7.3　相関係数　66
　Column　ボリンジャーバンド　69
　　　まとめ　　71
　　　練習問題　72

第3章　統計解析

1　データ集団のリアル（統計データ）と　バーチャル（確率変数）の世界 75

1.1　確率変数と確率分布　75

　1.1.1確率変数　76
　①離散的確率変数と連続的確率変数／②確率変数の平均、分散／③確率変数の平均、分散、標準偏差の特性

　1.1.2代表的な確率分布　85
　①離散的確率変数の分布／②連続的確率変数の分布

　Column　偏差値　　105

1.2　確率変数の組合せ　107

　1.2.1同時確率変数と周辺確率変数　107
　①同時確率変数の期待値と分散／②確率変数の独立性／③確率変数の和と積

　　　まとめ　　114
　　　練習問題　116

2　母集団と標本 117

2.1　標本の抽出方法　118
　2.1.1復元抽出と非復元抽出／2.1.2有限母集団と無限母集団と抽出方法の関係

7

目 次

2.2 母平均、母分散、母標準偏差と標本統計量　121
2.3 標本分散の平均　125
2.4 母集団と標本の分布　127

まとめ　128
練習問題　128

3　回帰分析 129

3.1　回帰分析　129

3.1.1回帰直線のパラメーターの求め方／3.1.2回帰直線のフィット具合／3.1.3決定係数と回帰分析／3.1.4確率変数同士の回帰関係

3.2　CAPMとベータ（β）値　143
3.3　市場モデル（マーケット・モデル）　146

まとめ　148
練習問題　149

4　時間と期待値・分散・標準偏差の関係 150

まとめ　154
練習問題　154

5　推定 155

5.1　推定とは　155
5.2　母平均の推定　158

①母分散がわかっている場合／②母分散がわかっていない場合

5.3　母比率の推定　165

まとめ　166
練習問題　168

6　検定 169

6.1　帰無仮説と対立仮説　170
6.2　有意水準と棄却域　170

- 6.3　両側検定と片側検定　171
- 6.4　母平均の検定　173
  - ①母分散がわかっている場合／②母分散がわかっていない場合
- 6.5　その他の検定　177

　　　　　　　　　　　　　　　まとめ　　　177
　　　　　　　　　　　　　　　練習問題　　178

付録

1　基礎数学 …………………………………………………………………… 181
- 1.1　分配法則、結合法則、交換法則　181
  - ①分配法則／②結合法則／③交換法則
- 1.2　Σとその演算規則　183
  - ①基本法則／②基本公式／③Σの中にΣがある場合
- 1.3　順列・組合せ　185
  - ①順列／②組合せ
- 1.4　指数・対数　187
  - ①指数関数の基本法則／②対数関数の基本法則
- 1.5　微分・積分・導関数　187
  - ①微分と導関数／②積分

　　　　　　　　　　　　　　　t 分布表　　　190
　　　　　　　　　　　　　　　標準正規分布表　192

2　練習問題解答 …………………………………………………………… 193

索　引 ……………………………………………………………………… 212

第1章　統計学の基礎的概念

統計学の対象になるデータとは何か。時間軸に水平になったり垂直になったり、さまざまな形をとるデータは、どんな母集団からどのように採られているかを確認することが重要だ。データを解析することで特徴や規則性を見いだし、将来の予測につなげる「統計の世界」に入るための、基本的な心構えを作ろう。

1　情報とデータ

1.1　データの種類

　日常生活の中にはさまざまな情報があり、人々はその情報をもとに行動しています。日常生活の中で行動するために参考とする情報の多くは、目にする景色やテレビ等の画像情報であったり、声や音楽その他の音声情報であったり、また、雑誌、新聞、インターネット、携帯端末等から得られる言語による情報ですが、数値の情報は、これらの情報と比べて、日常において遭遇するチャンスは少ないといえそうです。

　一方、統計学で取り扱う情報は、集団を構成する数値であり、統計学はその数値の集合を整理・解析することを目的の一つとしています。そのため、統計学では集団を構成している一つひとつのデータの値を取り扱いますが、個々のデータにはこだわらず、あくまでデータの集合の解析等を目指しています。

　かつては、統計学で取り扱われなかった画像情報、音声情報、言語情報も近年では数値化したり、特別な処理を施してコンピューターで解析できるようになり、金融の世界でも解析技術が進歩しています。

　スポーツにおいても、選手の特性を数値化して、勝敗に結び付ける統計解析が進んでいます。テニスの試合では、選手が1ポイントを獲得するための平均移動距離が測定され、そのデータを集積して、選手の強弱度が解析され

ています。それによると、1ポイントを獲得する平均移動距離が短い選手ほど試合に勝つ確率が高く、錦織選手は驚異的に平均移動距離が短い数値で1ポイントを獲得できるそうです。画像解析技術の進歩と統計学の力を使えば、サッカーの試合で本田選手の走った距離と走る速度から本田選手が消費しているエネルギー量をはじき出し、それを彼の過去のデータから判別して彼の疲労度を算出し、作戦を決める参考とすることができるかもしれません。

1.2 データの分類

解析の対象になるデータは、(1)数値データと(2)非数値データに分けられ、それぞれ、時間軸に対して垂直に集計されたものと、時間軸に対して水平に集計されたデータに分類できます。また、非数値データは、「男」「女」というような定性的な性質で容易に分類できるデータと、画像のように容易に分類できないデータがあります。前者のデータをカテゴリーデータと呼ぶことがあります。カテゴリーデータはそのままでは数学的に統計処理ができないので、数値データへの変換が必要となります。たとえば、「男」は1とし、「女」は0とすることで統計処理が可能になります。非カテゴリーデータを

表1 データの分類

	時間軸に対して	
	垂直データ	水平データ
(1)数値データ		
数値	◎	◎
(2)非数値データ		
①カテゴリーデータ	○	×
②非カテゴリーデータ		
言語	×	×
画像	×	×
音声	×	×
その他	×	×

◎本書で取り扱うデータ
○部分的に本書で取り扱うデータ
×本書では取り扱わないデータ

1 情報とデータ

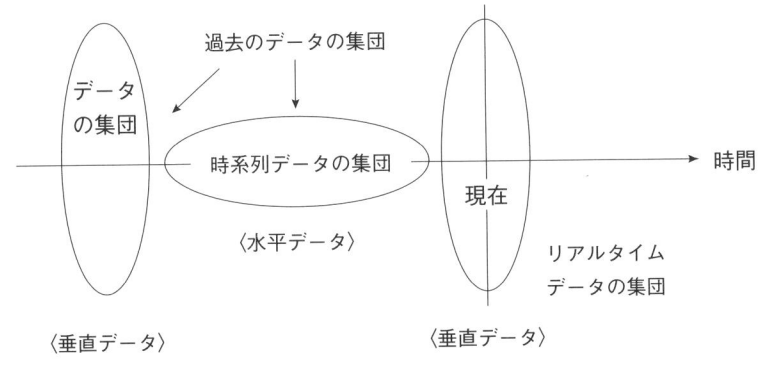

図1　時間軸とデータ集団

統計的に処理するためには特殊な操作が必要となり、本書では取り上げませんので、より専門的な解説書等をご参照ください。

　統計的に取り扱うデータには、国勢調査で行う10月1日付の人口、○年○月の消費者物価、ＸＸ年のＹＹ高等学校1年生男子の身長といったような特定の日時に集計するデータが大半を占めていると思います。これらのデータは、特定の日時に特定の項目を調査し集計したデータであるので、時間軸に対して垂直なデータ集団といえます。

　統計学の教科書でよく取り扱われるデータには、中学校のあるクラスの身長、日本の労働者の年収、世論調査、テレビの視聴率等があげられますが、これらも過去の数値を集めたものであり、過去の時間軸に対し垂直なデータ集団です。

　ネット社会の中には数々のデータが存在し、個人でも多くのデータを手軽にダウンロードし、分析することができるようになりました。最近注目度が増しつつあるビッグ・データとは、インターネット上の利用者の行動を表す特定のサイトのクリック数やSNS上の行動等、ネット上等で収集可能な膨大な数値や言語情報等の集団のことを言います。これらのデータは時としてリアルタイムデータであったりしますので、時間軸に対し垂直なデータ集団といえます。

　一方、証券分析のために使うデータは、特定の証券の日次データや週次デ

13

ータといった時間の経過に沿って集計したものがほとんどだといえます。このようなデータを時系列データといい、時間軸に対して水平なデータ集団といえます。

　これらの集団の中には、日本人の平均寿命、平均所得、中学1年生の体重の推移といったような、時間軸に対して垂直なデータを水平的に集計したデータ集団も多くあります。

　水平データは垂直データと違い、時間という要素がデータに影響を与える場合があります。社会現象や自然現象の中には時間の経過とともに変化する数値が多くあり、たとえば平均寿命や平均身長、所得水準が挙げられます。自然現象の中にも、動植物の成長や平均気温など、年月の経過とともに変化するデータも多くあります。時間の経過とともに、技術の進歩、成長、衰退、所得や習熟度の向上、嗜好の変化等さまざまな要素が複雑にからみ合っていろいろなデータに影響を与えます。これらの要因分析は統計学が取り扱う分野ではありませんが、水平データを統計的に分析するときは、時間の影響を考慮する必要があるといえそうです。

1.3　統計学上のデータの捉え方（母集団と標本）

1.3.1　母集団と標本

　統計学では収集したデータまたは情報のことを標本またはサンプルといい、その標本が属するデータの全体像のことを母集団といいます。テレビの視聴率はテレビを持っている全世帯について調査するのではなく、そのうちの一部を選んで集計した結果です。ここでいう母集団とはテレビを持っている全世帯であるのに対し、標本とはテレビを持っている人の中から選ばれた人々の集団のことを指します。母集団と標本の考え方は統計解析をするうえで非常に重要な概念であり、母集団の特性と標本の特性、およびこの2つの結びつきを理解すれば、統計解析を半分以上理解できたといっても過言ではありません。

　統計分析においては、収集したデータに基づいてデータ解析を行い、そのデータが属する全体像を推計したり、将来の不確実な状況に備えることを目指します。不確実な状況のもとで判断を下すのに参考になる統計技法を理解

1　情報とデータ

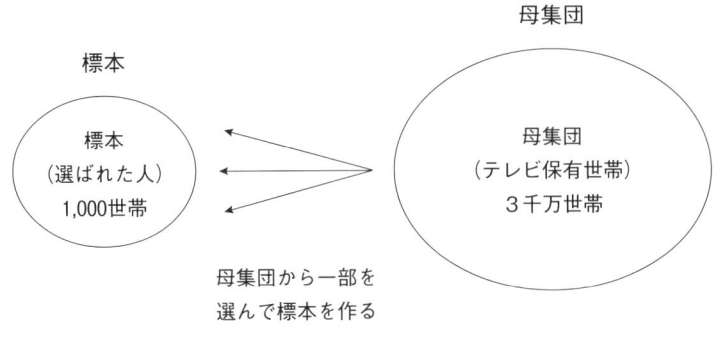

図2　母集団と標本の例

するうえで、母集団と標本の関係を理解しておくことが大変重要です。

1.3.2　集団と個体

母集団の構成要素は目的に応じて変わります。たとえば、中学校のある学年の身長のデータの構成要素は、その学年の各生徒の身長となります。その学年には男子生徒と女子生徒がいるので、男子生徒だけの集団を1つの集団として取り扱うこともあります。また、中学校の全学年の生徒全体を1つの集団と考えることもあります。

1.3.3　母集団のサイズと標本のサイズ・抽出方法

母集団や標本を構成する個体の数によって統計解析方法が異なる場合があるので、最初にこれらを考慮に入れる必要があります。

母集団には個体の数が無限のものや、無限ではないが増え続ける（生産ライン上の商品、株価等）ので、無限であると近似的に考えてもいい集団があります。一方、個体の数が少数の母集団も存在します。

標本も、個体の数が少数のものと多数のものがあり、個体の数が少ない母集団から抽出した標本でも標本のサイズがきわめて大きいものもあります。一方、母集団のサイズが大きい集団から抽出した標本でも、個体の数が多いものばかりとは限りません。

また、標本は母集団からどのような方法でデータを抽出（サンプリング）

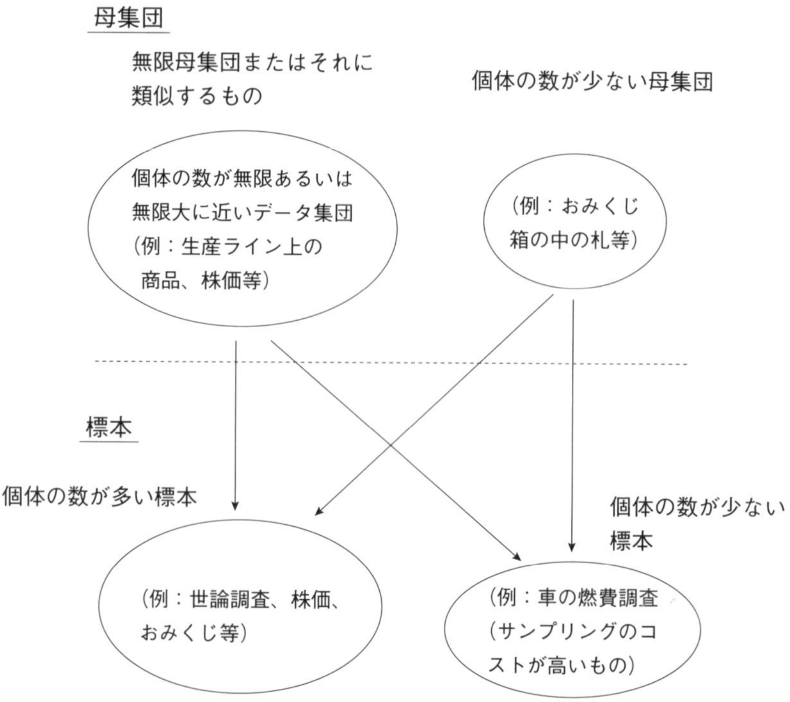

第1章　統計学の基礎的概念

母集団

無限母集団またはそれに類似するもの

個体の数が無限あるいは無限大に近いデータ集団
（例：生産ライン上の商品、株価等）

個体の数が少ない母集団

（例：おみくじ箱の中の札等）

標本

個体の数が多い標本

（例：世論調査、株価、おみくじ等）

個体の数が少ない標本

（例：車の燃費調査（サンプリングのコストが高いもの）

図3　母集団と標本のサイズ

するかで取扱い方法が異なる場合があります。これらのことについては第3章で詳しく解説します。

1.3.4　母集団とサンプリング方法の関係

有権者の政党支持率を調査するための世論調査を考えてみましょう。

有権者全員の数は3千万人と仮定し、そのうち世論調査を1万人に行ったとします。1万人は有権者全員に対してわずか0.034％にすぎず、こんなもので全体像が把握できるのかと直観的に疑問を感じるのが普通だと思います。一方、1万人に調査するのもかなり大変なものだと想像できますが、精度を高めるため、せめて1％に相当する30万人に調査することを考えると、時間的にもコスト的にも現実的な数字ではないことが想像できます。

1 情報とデータ

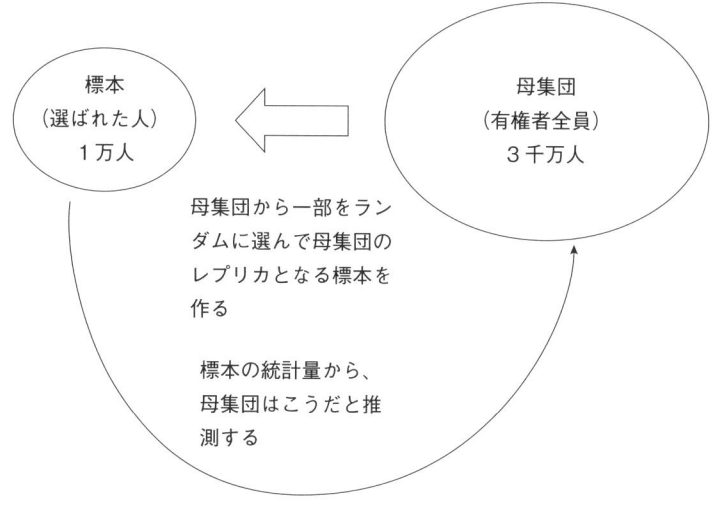

図4 有権者の政党支持率の推定

ところが、もし、母集団である有権者全員の政党支持率が、全国的に偏りがないとすれば、そこからランダムに抽出した標本は有権者全員の政党支持率に近い値を示す可能性があります。この考え方は、よく撹拌された鍋の中の味噌汁の味は、1滴ではよくわからないけれど、一口飲めば把握できるのと同じような考え方です。このような考え方は、推定を行う際に採用されています。統計学的にランダムに選ぶということを無作為抽出といいます。これらのことについては、第3章で詳しく解説します。

1.3.5 標本のサイズとコストとの関係

統計分析で取り扱うデータの数は限度があります。データの数が多いほど全体像がより正確に把握できますが、多くのデータを集めることは手間とコストがかかるので、収集するデータの数は手間とコストを天秤にかけて確率的に意味のある結果を導き出すように決定しなければなりません。逆に、データの数が少なすぎると、異常値が混ざっていたり、偏りがあったりして、そのデータの母集団の特徴を正確に導き出すことができなくなります。標本

第1章 統計学の基礎的概念

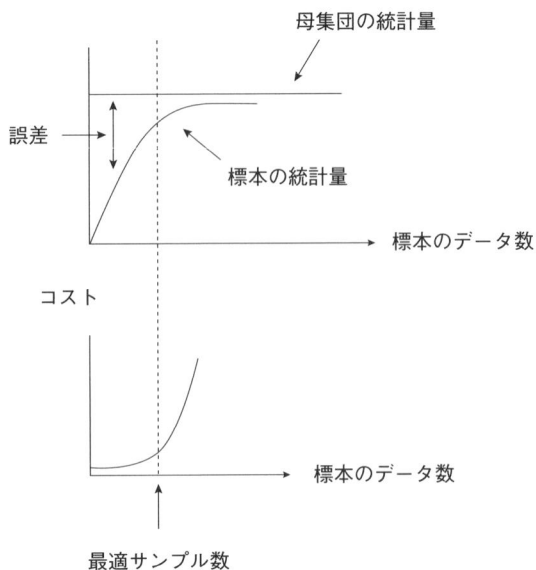

図5　標本のサイズとコストとの関係図（イメージ図）

を構成する個体の数と手間とコストの関係は図5のグラフのようになるのが一般的で、図の破線で表した水準のデータ数を収集すれば、コストパフォーマンスが最もよく、母集団を表す近似レベルも高くなっています。

☞まとめ

- データは、(1)数値データと(2)非数値データに分けられ、それぞれ、時間軸に対して垂直にデータが集計されたものと、時間軸に対して水平に集計されたものに分類できる。
- 時間軸に対して水平に集計されたデータを統計的に分析するときは、時間の影響を考慮する必要がある。
- 収集したデータまたは情報のことを標本またはサンプルといい、その標本が属するデータの全体像のことを母集団という。
- 母集団や標本を構成する個体の数によって統計解析方法が異なる場合があるので、母集団と標本の特性および母集団と標本の関係を理解しておくことが重要。

- 標本は、母集団からどのようにデータを抽出(サンプリング)するかで取扱い方法が異なる場合がある。
- 標本のサイズは、コストパフォーマンスが良く、かつ母集団を表す近似レベルが高くなるようにすることが望まれる。

2 統計学の位置づけと目的

2.1 統計学の目的

　統計学は、データの集団を定量的に分析し、そのデータの集団の特徴、規則性等を導き出すことを目的の一つとしています。このような目的を持つ統計学を記述統計学といい、記述統計学では、データの集団の定量的な分析のみを行い、母集団の特徴を推測するようなことは関心事ではありません。

　一方、標本データの特徴、規則性等を利用して、母集団の特徴の推測等を行うことを目指す統計学を推測統計学といいます。データの集団を母集団から抽出した標本とみなすのが推測統計学の特徴です。時系列データを取り扱うことが多い証券分析においては、推測統計学の知識がより必要とされるでしょう。

　記述統計学と推測統計学では、データの取扱い方法が多少異なる場合がありますが(主として分散の計算方法)、記述統計学に関する基礎的知識は推測統計学を理解する上で必要不可欠です。

　いずれにしても、ある状況の下でそのデータの取り得る結果を予測することで、不確実な状況下で、なすべき判断材料を与えることが統計学の最終目的ではないかと考えます。

　当然のことながら、分析方法を間違うと誤った特徴や規則性を導くことになります。また、意図的にある部分だけを強調すれば、全体像を意図的にゆがめることもでき、行政機関等が自己を有利に導くために統計を利用することも可能なので、統計の基礎をしっかり理解することは証券分析だけでなく、日常生活においても大切です。

2.1.1 記述統計学

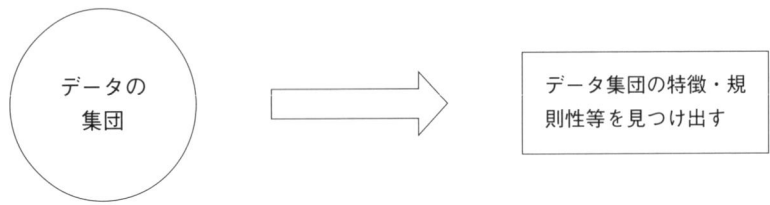

2.1.2 推測統計学

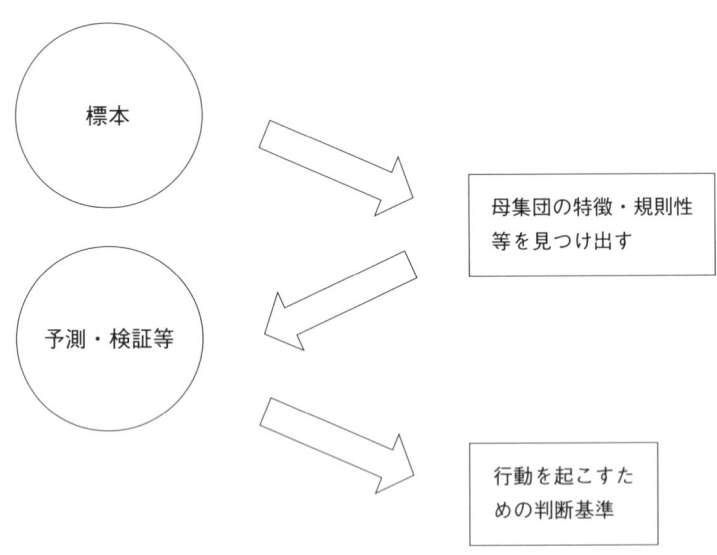

図6　記述統計学と推測統計学の目的

2.2　確率と統計の関係

　確率とは、ある現象（たとえば、コインを投げたときに表が出ることや、きょう雨が降ること）が起こる確からしさの度合いを表します。コインを投げたときに表が出る度合いや、サイコロを振ったときに1の目が出る度合い

のようなものは数学的に算出可能なので数学的確率といいます。一方、きょう雨が降る度合いや1年後に日経平均株価が10%以上上昇する確率は数学的に算出することができず、過去の実測値に基づいて推測されます。このような確率を統計的確率とよびます。

統計的確率は統計により算出され、逆にその確率を使って母集団の特徴の推測や検定等が行われるので、確率と統計は密接に関わりあっています。

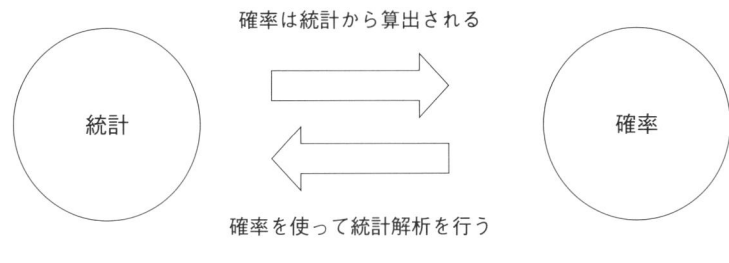

図7　確率と統計の関係

☞まとめ

- 統計学とは、データの集団を定量的に分析し、データ集団の特徴、規則性等を導き出す学問であり（記述統計学）、標本データの特徴から背後にある母集団の特徴を推測するようなことを目指す学問（推測統計学）でもある。
- 記述統計学と推測統計学では、データの取扱い方法が多少異なる場合があるが（主として分散の計算方法）、記述統計学に関する基礎的な知識は、推測統計学を理解する上で必要不可欠である。
- 統計学の最終目的は、不確実な状況下で、なすべき判断材料を与えることにあると考えられる。
- 確率には数学的に算出することができる数学的確率と、過去のデータに基づいて推測される統計的確率がある。
- 確率を使って母集団の特徴の推測や検定などを行うので、確率と統計は密接に関わりあっている。

第2章 基礎統計量

平均・モード・メディアン、偏差・分散・標準偏差。データの集団を中間値で捉えるか、ばらつき具合で捉えるか。これらの基礎と特性を理解し、証券のリターンとリスク、パフォーマンスを分析するための評価尺度をどのように作り出すための、基礎的な仕組みの理解へと進んでいこう。

1 統計量とは

　データの集団の特徴を定量的に表したものを統計量といい、その代表的なものが平均と標準偏差です。

　データの集団の中間的（標準的あるいは平均的という場合もあるが、月並みの状況を表していることをいう）な値を表す尺度として、平均、モード、メディアン等があり、データのばらつき度合を表す尺度として分散、標準偏差等があります。データの中間的または標準的な値を表す尺度として、平均が最もよく使われ、データのばらつき度合を表す尺度として標準偏差が最もよく使われます。

　複数のデータの集団間の関係を表す尺度に共分散と相関係数があります。データ集団間には何らかの関連性がある場合が多く、その関連性の有無を表す尺度が共分散で、その関連性の強弱度を表す尺度が相関係数です。データ集団間の関係が定量的に把握できれば、一方がわかっている場合、他方をその関係を利用して推測することができるので、いろいろな分野で応用されています。

　データの集団（単一集団）の特徴を定量的に表すのに、どの統計量を使って表現するのが最も適しているかは一律に定まるものではなく、目的に応じて変わります。データ自身は同じなのに、表現される統計量によって人々が受ける印象が異なるのは不思議なものですが、適切な統計量を提示しないと

第2章 基礎統計量

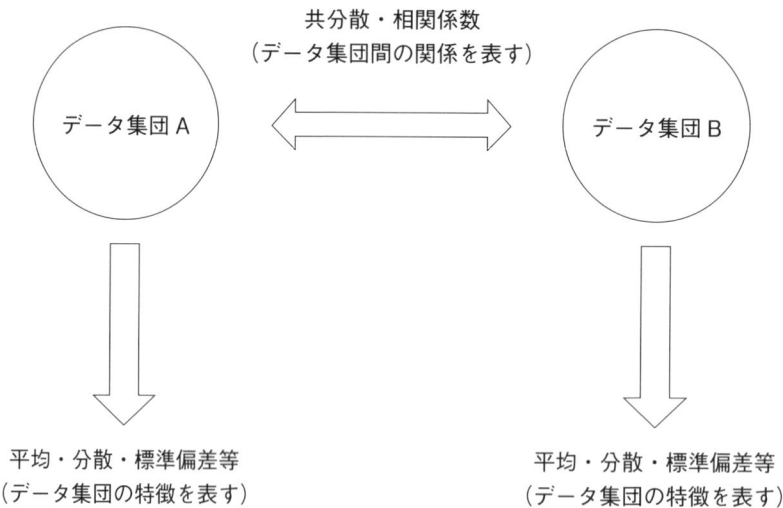

図8 基礎統計量

間違った解釈をして間違った結論や間違った方向へ誘導することにもなるので、しっかり基礎的な統計量の概念、特徴およびその算出方法を習得することが重要です。

また、基礎統計量の理解は第3章で解説する、本書の本論である統計解析に必要不可欠ですので、しっかり習得するよう努めてください。

☞まとめ
- データの集団の特徴を定量的に表したものを統計量という。
- データの集団の中間的（標準的あるいは平均的）な値を表す尺度として、平均、モード、メディアン等がある。
- データのばらつき度合を表す尺度として、分散、標準偏差等がある。
- 複数のデータの集団間の関係を表す尺度に、共分散と相関係数がある。

2　データの標準的または中間的な姿を表す尺度

バスケット・ボール、バレー・ボール、テニス等のスポーツでは、身長が高いほど有利に試合を展開することができるといわれています。

そこで、2014年のサッカーW杯に参加したブラジルと日本の選手、それぞれ23人の身長のデータを調べて、どのようなことが定量的にいえるのか分析してみることにしましょう（表2-1、2-2参照）。

表2-1　ブラジルの選手の身長（cm）

165	174	175	175	175	176
178	178	178	179	180	180
180	182	186	186	186	187
188	188	189	190	195	

（175にネイマールの印）

表2-2　日本の選手の身長（cm）

169	170	170	172	172	173
174	174	175	175	176	177
177	178	179	182	182	183
183	185	185	187	188	

（182に本田の印）

ブラジルの選手の最低身長は165cmで最高身長は195cmです。23人の身長の合計は4170cmとなっています。ちなみに、ネイマール選手の身長は175cmと意外に小柄です。

一方、日本の選手の最低身長は169cmで最高身長は188cmです。23人の身長の合計は4086cmで、ブラジルの選手の身長の合計より84cm低いので、全体としては日本の選手の方がブラジルの選手より身長が低いといえます。ちなみに、本田選手の身長は182cmで日本の選手の中では背が高いといえます。

図9にそれぞれの国の選手の身長を、低い順に並べてプロットしてみました。データの数字を眺めるよりも、それを画像化して視覚に訴えたほうがデータの様子がよくわかるものです。

第2章 基礎統計量

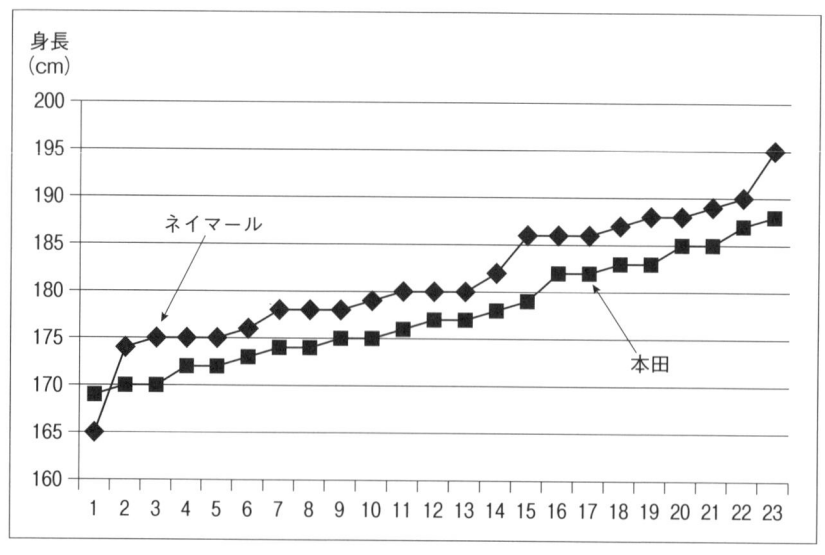

図9　日本とブラジルの選手の身長（低い順）

2.1　いろいろな平均値

平均は、データの中間的または標準的な値を現す尺度として最も一般的に使われますが、平均にもいろいろな算出方法があり、最も一般的に使われているのが相加平均です。相加平均は算術平均または単純平均とよばれることもあります。株価分析では加重平均や移動平均もよく使われます。

2.1.1　相加平均（算術平均または単純平均）

前述の例のブラジルの選手の身長の平均値（厳密には相加平均または算術平均という）は、下記の算式に従い181.3cmとなっています。一方日本の選手の平均身長は177.7cmで、ブラジルの選手より身長が平均的に3.6cm低いことがわかります。逆にすべての日本の選手の身長が3.6cm高ければ、日本の選手とブラジルの選手の平均身長は同じになります。やはり日本の選手は不利な戦いを強いられているのでしょうか。

ブラジル選手の平均身長 = (165 + 174 + 175 + …… + 195) ÷ 23 = 4170 ÷ 23
　（相加平均）　　　　　　　　　　　　　　　　　　　　　　　≒ 181.3

日本選手の平均身長 = (169 + 170 + 170 + …… + 188) ÷ 23 = 4086 ÷ 23
　（相加平均）　　　　　　　　　　　　　　　　　　　　　　　≒ 177.7

　一般的に相加平均とは、データを構成する個体の数がn個あるとき、それぞれの個体の値を x_1、x_2、x_3 ……、x_n とすると、その個体の値の合計を個体の数nで割ったものであり、$\bar{x}$ または μ（ギリシャ文字でミューと呼ばれる）と表記されることが多く、次のように定義されます。

$$平均（\bar{x} または \mu）= \frac{1}{n}(x_1 + x_2 + x_3 + \cdots + x_n)$$

$$= \frac{1}{n}\sum_{i=1}^{n} x_i$$

　上記の関係式を下記のように記号で表記すると、数学的に取り扱いやすくなるので便利です。

$$平均 = E(X) = \bar{x}（または \mu）$$

　ただし、Xはデータを構成する個体の数がn個あるとき、それぞれの個体の値を x_1、x_2、x_3 ……、x_n とするデータ集団を指します。ちなみに、**E** は **Expectation**（期待）の頭文字です。本来E(X)は、第3章で解説する確率変数Xの期待値を表し、実測データの平均とは概念上異なるものですが、数学的には同様に扱っても問題はないので、本書では同様の取扱いをしています。

　上記の定義式に従って計算された平均は、はたしてデータの中間的な値を表しているのでしょうか。前述の例で、仮に本田選手の身長が85cm高かったとしたらどうでしょうか。計算上267cmとなるので、現実的にはありえないことですが、もしそうであったならば日本選手の平均身長がブラジル選手の平均身長を上回ることになり、平均的に日本選手の身長がブラジル選手の

身長を上回っていることになります。一人の突出した選手の身長のおかげで、全体の選手の平均値が大きく押し上げられることになるので、このような他の平均的な姿から極端にかけ離れた値を持った個体があった場合は、平均を見ただけでは、そのデータの代表的な姿を正しく理解できるとは限りません。

現実の社会ではこのような例が多くあります。たとえば、世帯別資産額の平均などは、突出した富裕世帯があると、その影響を大きく受けることになります。身長等と違い、世帯資産額はゼロから何千億円、あるいはそれ以上の幅があるからです。中間的な値からかけ離れた個体があれば、その特定の個体の影響を大きく受けることになります。同じ論理で、平均所得水準を上げるためには、低所得層や中間所得層の所得を引き上げるよりも高所得層の所得を引き上げる方が容易に行えます。政府が意図的に、平均値だけのかさ上げをもって経済は好転していると主張することも可能なので、データの特徴をよく理解しておかなければなりません。

2.1.2 加重平均（加重相加平均）

前述の相加平均はデータの値の総和をデータの数で割った単純平均であり、それぞれのデータの値は平等に1対1のウェイトで取り扱われてきました。これに対し、それぞれのデータの値にウェイト付けをし、データの値にそのデータのウェイトを乗じた値の総和をウェイトの総和で除して平均値を求める方法があります。このように算出される平均は加重平均と呼ばれます。国別サッカー選手の身長の単純平均値よりも、それぞれのポジションに何らかのウェイト付けをして平均値を算出したほうが、意味のある平均値が

表3　仮想の株式取引

	株価(円)	株数	売買代金(円)
取引1	6,000	100,000	600,000,000
取引2	6,040	50,000	302,000,000
取引3	6,100	80,000	488,000,000
取引4	6,120	200,000	1,224,000,000
合計		430,000	2,614,000,000

得られるかもしれません。時間のある方は試してみてください。

　ある日のトヨタ自動車の株式が、表3に掲げる株価と株数で4回だけ取引されていたと仮定し、単純平均株価と株数でウェイト付けした加重平均株価を計算してみることにしましょう。

単純平均株価 = (6,000 + 6,040 + 6,100 + 6,120) ÷ 4 = 6,065円
加重平均株価（VWAP*）= 2,614,000,000 ÷ 430,000 = 6,079円

*VWAPとはvolume weighted average priceの略であり、株数による加重平均株価を表し、株式取引でよく使われる用語です

　一般的に、加重平均（厳密には加重相加平均という）とは、データを構成する個体の数がn個あるとき、それぞれの個体の値を x_1、x_2、x_3……、x_n、それぞれの個体のウェイトを w_1、w_2、w_3……、w_n とすると、それぞれの個体の値にウェイトを乗じた値を合計し（上記の例では売買代金の合計）、その合計をウェイトの合計（上記の例では株数の合計）で割ったものであり、次のように定義されます。

$$加重平均（\bar{x}または\mu）= \frac{1}{W}(x_1 w_1 + x_2 w_2 + x_3 w_3 + \cdots + x_n w_n)$$

$$= \frac{1}{W}\sum_{i=1}^{n} x_i \cdot w_i$$

ただし　　$W = w_1 + w_2 + w_3 + \cdots + w_n$

$$= \sum_{i=1}^{n} w_i$$

　日経平均株価やNYダウは、それぞれの集団を構成する株式の株価を単純平均した株価指数ですが、東証株価指数（TOPIX）やS&P500はそれぞれの集団を構成する株式の株価を（発行済み）株式数で加重平均した株価指数です。

第2章　基礎統計量

表4　単純移動平均の計算例

(単位：円)

日付	株価	5日移動平均株価	10日移動平均株価
1	60		
2	50		
3	50		
4	40		
5	50	50	
6	60	50	
7	50	50	
8	70	54	
9	80	62	
10	100	72	61
11	110	82	66
12	120	96	73
13	110	104	79
14	100	108	85
15	170	122	97
16	140	128	105
17	140	132	114
18	130	136	120
19	150	146	127
20	160	144	133

2.1.3　移動平均

時系列データの平均を計算する場合、平均するデータの数（または期間）を決めておいて、そのデータの平均を時系列的に期間を移動しながら計算する方法があり、これを移動平均といいます。移動平均にも単純移動平均と加重移動平均がありますが、株価のトレンドを表すのには単純移動平均が一般的であり、5日（1週間）、25日（1か月）、75日（3か月）移動平均がよく使われます。

表4に、株価とその5日移動平均と10日移動平均を示しておきました。

5日目の5日移動平均 = $(60+50+50+40+50) \div 5 = 50$

2 データの標準的または中間的な姿を表す尺度

表5 加重移動平均の計算例

日付	株価(円)	株数	売買代金(円)	5日間総株数	5日間総売買代金(円)	5日加重移動平均株価(円)	5日単純移動平均株価(円)
1	60	1,000	60,000				
2	50	1,200	60,000				
3	50	1,300	65,000				
4	40	1,000	40,000				
5	50	2,000	100,000	6,500	325,000	50	50
6	60	2,300	138,000	7,800	403,000	52	50
7	50	1,800	90,000	8,400	433,000	52	50
8	70	3,000	210,000	10,100	578,000	57	54
9	80	4,000	320,000	13,100	858,000	65	62
10	100	5,000	500,000	16,100	1,258,000	78	72
11	110	6,000	660,000	19,800	1,780,000	90	82
12	120	10,000	1,200,000	28,000	2,890,000	103	96
13	110	8,000	880,000	33,000	3,560,000	108	104
14	100	7,000	700,000	36,000	3,940,000	109	108
15	170	100,000	17,000,000	131,000	20,440,000	156	122
16	140	8,000	1,120,000	133,000	20,900,000	157	128
17	140	9,000	1,260,000	132,000	20,960,000	159	132
18	130	10,000	1,300,000	134,000	21,380,000	160	136
19	150	12,000	1,800,000	139,000	22,480,000	162	146
20	160	20,000	3,200,000	59,000	8,680,000	147	144

5日目の5日加重移動平均 = (60,000 + 60,000 + 65,000 + 40,000 + 100,000) ÷ 6,500 = 50
6日目の5日加重移動平均 = (60,000 + 65,000 + 40,000 + 100,000 + 138,000) ÷ 7,800 = 52

$$6日目の5日移動平均 = (50 + 50 + 40 + 50 + 60) \div 5 = 50$$

$$19日目の5日移動平均 = (170 + 140 + 140 + 130 + 150) \div 5 = 146$$

$$20日目の5日移動平均 = (140 + 140 + 130 + 150 + 160) \div 5 = 144$$

10日移動平均も、同じように直近10日間の平均値を時系列的に計算したものです。

前述の例を使って、表5に株数による5日加重移動平均株価を計算した結果を示しました。また、単純移動平均株価と比較したグラフが図10です。

第2章 基礎統計量

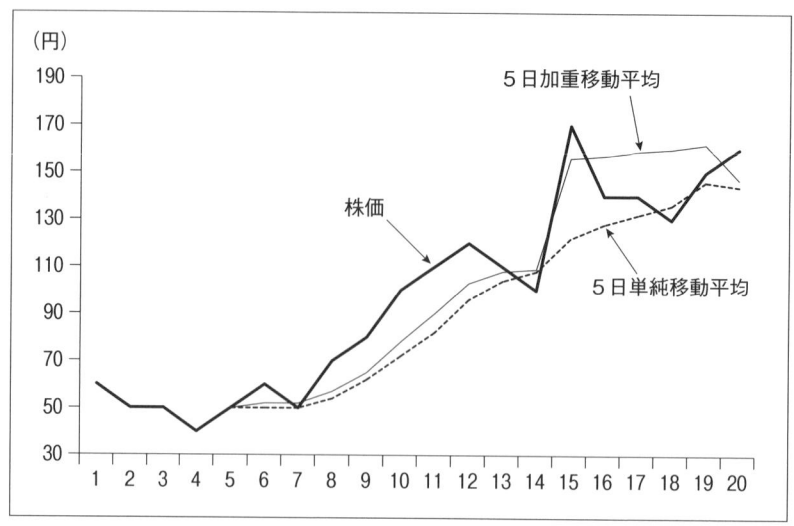

図10　単純移動平均株価と加重移動平均株価

　移動平均株価は参照する期間の株価の平均買いコストとして売買の参考とされ、移動平均株価より株価が高いか低いかで相場の強弱の判断材料とされる場合があります。容易に計算できるというメリットもあって単純移動平均株価が広く使われていますが、株数による加重移動平均株価を使ったほうがより正確な平均買いコストを求めることができます。日々のVWAPを日々の株数で加重平均した移動平均を算出すれば、さらに正確に求めることができます。ただし、上記の例が示しているように、加重移動平均株価は特定の日の株数が極端に多い場合、その日の価格が平均価格に大きく影響を与えるので、そのようなことも考慮に入れることが時には必要です。

2.2　異常値（外れ値）を除いて平均を求める方法

　サッカー選手の身長の例で、もし本田選手の身長が267cmならば、日本選手の平均身長がブラジル選手の平均身長を上回ることになることがわかりました。この場合、平均的に日本選手の身長がブラジル選手の身長を上回っていることになり、平均はデータを代表する値として必ずしも正しい尺度とはいえません。図11のグラフがその様子を物語っています。

2 データの標準的または中間的な姿を表す尺度

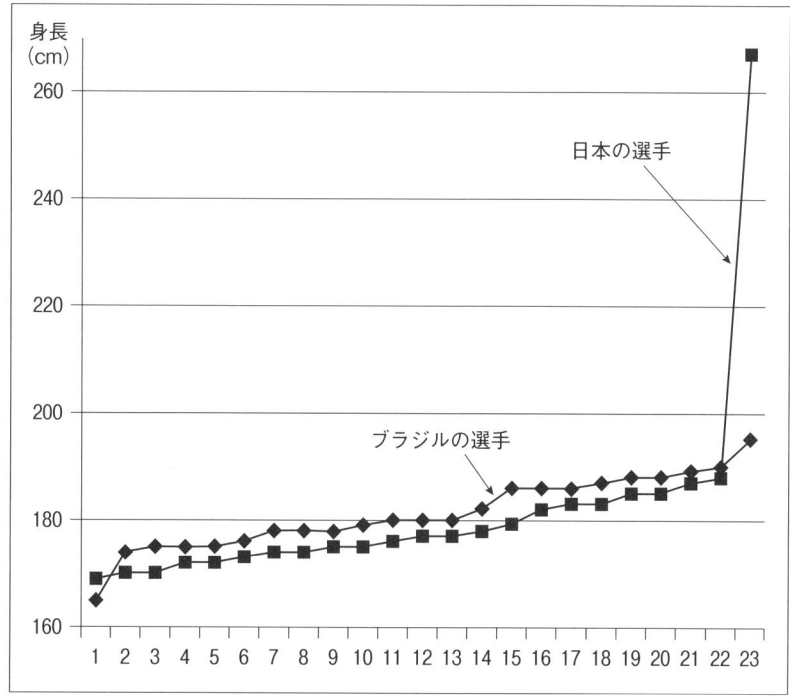

図11 日本とブラジルの選手の身長（低い順：本田選手の身長があと85cm高いと仮定した場合）

　このような場合は、データを代表する値として平均を調整する方法または違った尺度を考えなければなりません。

　この例で、本田選手を除いた日本の選手の平均身長は177.5cmとなり、元々の平均身長の177.7cmに近い値であり、選手を代表する値として妥当だといえそうです。

　この本田選手の身長のように、一人だけ集団から遠く離れていた場合は明らかに異常値だと判断できますが、一般的に、何をもってデータの異常値と判断するのか、その理論的根拠は定まっていません。異常値を除外する場合は、データ分析の目的に対して妥当な判断かどうかを十分検討する必要があります。また、その判断基準も明確にしておく必要があります。異常値を除外する方法として、たとえばデータの値の上位、下位とも1％ずつというよ

第2章　基礎統計量

うな幅を設定して、そこからはみ出した数値を除いて平均を出す方法、最上位と最下位の値を除いて平均を出す方法等があります。ちなみにオリンピックの体操競技の得点数は、最上位と最下位の審判の値を除いた算術平均だそうです。

2.3 メディアン（中位数または中央値）

前述の例で、本田選手の身長があと85cm高いと仮定した場合、異常値を除いて平均を算出する方法を採用することでデータの集団の標準的な姿を表すことができることを解説しましたが、この例のように、明らかに異常値と

表6　日本の選手の身長のメディアン

順位	身長（cm）
1	169
2	170
3	170
4	172
5	172
6	173
7	174
8	174
9	175
10	175
11	176
12	177
13	177
14	178
15	179
16	182
17	182
18	183
19	183
20	185
21	185
22	187
23	188

順位12（177cm）←メディアン（中央に位置するデータの値）

認められるデータは現実的には少ないといえます。このようなとき、役に立つ尺度の一つにメディアン（中位数または中央値）があります。メディアンとはデータを小さい順に並べたときに中央に位置するデータの値のことをいいます。データの数が奇数の場合は中央に位置するデータが存在しますが、データの数が偶数の場合は中央に位置するデータがないので、中央の位置に一番近い2つのデータの平均値をメディアンとします。

表6に示されているように、日本の選手のメディアンは177cmです。この値はもともとの日本の選手の平均身長の177.7cmに近い値となっています。本田選手の身長が267cmだったとしても、メディアンは日本選手の標準的な身長に近い値を表していることがわかります。

一般的にデータの数をnとすると、データを小さい順に並べたとき、メディアンは下記の式のように定義されます。

メディアン＝(n＋1)÷2番目のデータの値（nが奇数の場合）
メディアン＝n÷2番目とn÷2＋1番目のデータの平均値（nが偶数の場合）

2.4 モード（最頻値）

モードとは最も頻繁に表れる値のことで、データの集団の中で、同じ値を持つデータ数が一番多いデータの値のことをいいます。データの値がすべて異なっていれば、モードは存在しないことになります。

表7に示されているように、日本の選手のモードは170、172、174、175、177、182、183、185cmとなり、8つもあるので、あまり意味のある値とは言えないようです。

上記の例のように、モードが多数ある場合やすべてのデータの値が異なっていてモードが存在しない場合は、データをグループ分けし、それぞれのグループ（統計学上、グループのことを階級という）に属するデータの数（統計学上、度数という）の最も多いグループをモードに対応するグループとし、そのグループの中央値（統計学上、階級値という）をモードとして使う方法がより一般的です。

ブラジルと日本の選手の身長を5cm刻みの階級に分けて分類しなおした

第2章 基礎統計量

表7 日本の選手の身長とモード

身長（cm）
169
170
170
172
172
173
174
174
175
175
176
177
177
178
179
182
182
183
183
185
185
187
188

表8 ブラジルと日本の選手の身長の度数分布表

階級番号	階級 身長	階級値 中央値	度数 人数 日本選手	度数 人数 ブラジル選手
1	165以上170未満	167.5	1	1
2	170以上175未満	172.5	7	1
3	175以上180未満	177.5	7	8
4	180以上185未満	182.5	4	4
5	185以上190未満	187.5	4	7
6	190以上195未満	192.5	0	1
7	195以上200未満	197.5	0	1
	合計		23	23

データは表8のようになります。このようなデータを階級に分け階級ごとの度数を表示した表を度数分布表といいます。この表により、日本の選手の身長のモードは172.5cmと177.5cmとなり、2つのモードがあることがわかります。一方、ブラジルの選手の身長のモードは177.5cmとなります。

☞まとめ

- 平均（μ（ミュー）または$\bar{x}$と表示されることが多い）とは、データの中間的または標準的な値を現す尺度として最も一般的に使われるが、平均にもいろいろな算出方法がある。

- 最も一般的に使われているのは相加平均（算術平均または単純平均とよばれることもある）で、株価分析では加重平均や移動平均もよく使われる。
- 集団からかけ離れたデータのことをはずれ値または異常値といい、異常値がある場合、平均値は標準的な姿を表さなくなることもあるので、異常値の取扱い方法を考えなければならない場合がある。
- メディアンとは、データを小さい順に並べたときに中央に位置するデータの値のことをいう。
- モードとは、最も頻繁に表れる値のことで、データの集団の中で同じ値を持つデータ数が一番多いデータの値のことをいう。

【練習問題】

以下の株式の株価と出来高に関して次の質問に答えなさい。

	1日目	2日目	3日目	4日目	5日目	6日目	7日目	8日目	9日目	10日目
株価（円）	500	510	600	490	460	500	480	510	520	500
出来高（株）	10	20	500	50	20	100	40	100	150	80

① 株価の平均値（相加平均）、メディアン、モードを求めなさい。
② 7日目での4日単純移動平均値と、出来高による加重移動平均値を求めなさい。
③ 11日目で株価が何円以上であれば、3日単純移動平均値を上回ることになるのか計算しなさい。ただし株価は整数とする。

3 データのばらつき度合を表す尺度

3.1 偏差、分散、標準偏差

同じ平均値を持ったデータの集団でも、データを構成する個体の散らばり方は異なっている場合がほとんどです。したがって代表値として平均等だけ

第2章　基礎統計量

を見ていては、データの集団の特徴を表すのは不十分です。データの集団を構成する個体のそれぞれの値の散らばり度合を表す代表的な尺度として、分散、標準偏差があります。

　また、データの集団を構成する一つひとつの個体の値がそのデータの集団の平均値からどれだけ離れているかを表す尺度として、下記の算式で定義される偏差があります。偏差はそれぞれの個体について、集団の平均値からの乖離度を表しています。

$$偏差 = x_i - \mu$$
x_i：個体 i の値
μ：データ集団の平均

　一方、分散、標準偏差はデータの集団について平均的にそのデータの集団の平均値からどれだけ離れているかを表す尺度です。つまり、偏差はデータの個体についてデータのばらつき度合を表しているのに対し、分散、標準偏

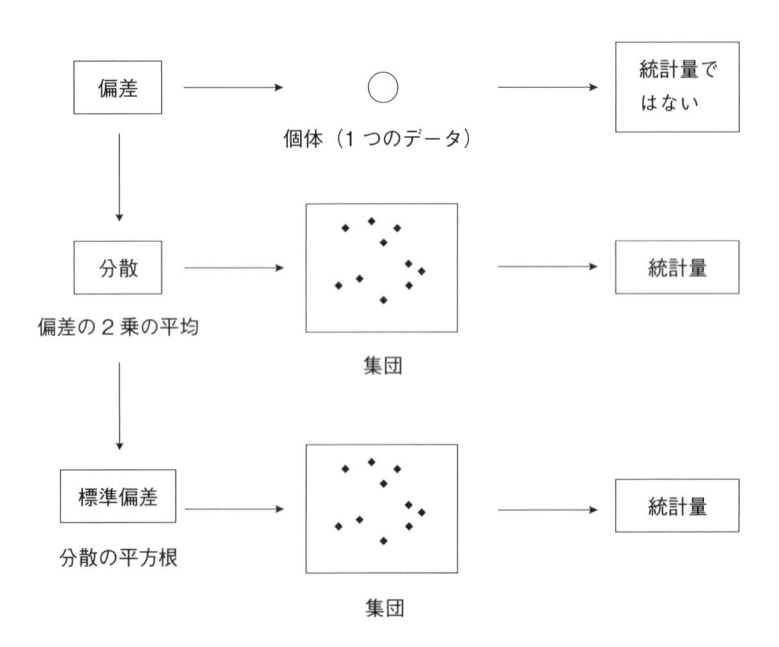

図12　偏差、分散、標準偏差と統計量

差はデータの集団についてデータのばらつき度合を表わしています。統計量とはデータの集団の特徴を表す尺度であり、偏差はデータの個体に対する指標なので、統計量ではありません。

分散とは偏差の2乗の平均値であり、σ^2と表記されることが多いです。標準偏差は分散の平方根であり、σ（シグマ）というギリシャ文字で表記されるのが一般的です。

偏差の絶対値の平均は、単位も元のデータと同じで、標準偏差に概念的にも近く、Excel等の表計算上でも取扱いが容易なため、データの散らばり度合を表す尺度として使われることもあります。ところが絶対値は数学的に取り扱いにくいという性質があるので、実務上はあまり使用されていません。

日本の選手とブラジルの選手の身長の標準偏差と分散および偏差を見てみましょう。分散は偏差の2乗の平均値なので、日本の選手の偏差の2乗の合計値721.2を人数の23で割れば偏差の2乗の平均値31.4が得られ、それが分散です。$\sqrt{31.4}$の値である5.6がその標準偏差です。一方ブラジルの選手の身長の分散、標準偏差はそれぞれ44.4、6.7となり日本の選手より若干身長のばらつき度合が大きいといえます（表9参照）。

分散と標準偏差の単位を考えてみると、分散はcmの2乗ですが、標準偏差はcmなので、元のデータの単位と同じになります。その理由もあって、標準偏差のほうが、分散より一般的に使われる尺度です。

ちなみに、偏差の単位は元のデータの単位と同じですが、その合計はゼロとなります。証明は容易に行えるので、読者の皆さんで考えてみてください。

一般的に分散とは、データを構成する個体の数がn個あるとき、それぞれの個体の値をx_1、x_2、x_3……、x_nとし、その平均値を$\bar{x}$とすると次のように定義されます。

$$分散（\sigma^2）= \frac{1}{n}\{(x_1-\bar{x})^2+(x_2-\bar{x})^2+(x_3-\bar{x})^2+\cdots+(x_n-\bar{x})^2\}$$

$$= \frac{1}{n}\sum_{i=1}^{n}(x_i-\bar{x})^2$$

$$= 偏差の2乗の平均$$

第2章 基礎統計量

　推測統計学において、母集団から抽出された標本のデータを使って母集団のデータの分散を推測する場合には、偏差の2乗の平均を計算する際、偏差の2乗の総和をnの替わりにn−1(「自由度」という。p.105参照)で割り算した値を使います。この値は不偏分散とよばれ、時系列データを取り扱うことが多い証券分析でよく使われます。ただし、nが十分大きい場合、下記の算式により、分散と不偏分散の差は非常に小さくなり、近似的に分散を不偏分散とみなすことができます。不偏分散については、第3章推定のところで詳しく解説します。

$$不偏分散 = \frac{n}{n-1} \times 分散 \fallingdotseq 分散 \quad (nが十分大きい場合)$$

　上記の分散の定義式の( )カッコ内を分解して整理すると下記のようになり、この関係式は分散を求めるのに大変便利な公式なので、覚えておいてください。

$$\begin{aligned}
分散(\sigma^2) &= \frac{1}{n}\sum_{i=1}^{n}(x_i^2 - 2x_i\bar{x} + \bar{x}^2) \\
&= \frac{1}{n}\sum_{i=1}^{n}x_i^2 - 2\bar{x}\frac{1}{n}\sum_{i=1}^{n}x_i + \frac{1}{n}\sum_{i=1}^{n}\bar{x}^2 \\
&= \frac{1}{n}\sum_{i=1}^{n}x_i^2 - 2\bar{x}^2 + \bar{x}^2 \\
&= \frac{1}{n}\sum_{i=1}^{n}x_i^2 - \bar{x}^2 \\
&= 2乗の平均 - 平均の2乗
\end{aligned}$$

　不偏分散についても、下記の関係式が導き出されますが、分散の時ほど使用頻度は多くないと思われます。

$$\begin{aligned}
不偏分散 &= \frac{n}{n-1} \times 分散 = \frac{n}{n-1}\left(\frac{1}{n}\sum_{i=1}^{n}(x_i^2 - \bar{x}^2)\right) \\
&= \frac{n}{n-1}\sum_{i=1}^{n}x_i^2 - \frac{n}{n-1}\bar{x}^2
\end{aligned}$$

3 データのばらつき度合を表す尺度

表9 日本とブラジルの選手の身長の分散、標準偏差の計算例

日本の選手					ブラジルの選手		
選手数	身長(cm)	偏差	偏差の2乗		身長(cm)	偏差	偏差の2乗
1	169	−8.7	74.9		165	−16.3	265.8
2	170	−7.7	58.6		174	−7.3	53.4
3	170	−7.7	58.6		175	−6.3	39.7
4	172	−5.7	31.9		175	−6.3	39.7
5	172	−5.7	31.9		175	−6.3	39.7
6	173	−4.7	21.6		176	−5.3	28.1
7	174	−3.7	13.3		178	−3.3	10.9
8	174	−3.7	13.3		178	−3.3	10.9
9	175	−2.7	7.0		178	−3.3	10.9
10	175	−2.7	7.0		179	−2.3	5.3
11	176	−1.7	2.7		180	−1.3	1.7
12	177	−0.7	0.4		180	−1.3	1.7
13	177	−0.7	0.4		180	−1.3	1.7
14	178	0.3	0.1		182	0.7	0.5
15	179	1.3	1.8		186	4.7	22.0
16	182	4.3	18.9		186	4.7	22.0
17	182	4.3	18.9		186	4.7	22.0
18	183	5.3	28.6		187	5.7	32.4
19	183	5.3	28.6		188	6.7	44.8
20	185	7.3	54.0		188	6.7	44.8
21	185	7.3	54.0		189	7.7	59.2
22	187	9.3	87.4		190	8.7	75.6
23	188	10.3	107.1		195	13.7	187.6
合計	4086	0.0	721.2	合計	4170	−0.0	1,020.9
平均	177.7		31.4	平均	181.3		44.4
			↓				↓
		標準偏差	5.6			標準偏差	6.7

　先ほどの日本の選手の身長の例を使って、分散の二番目の定義式に従い、データの値の2乗の平均を求め、その値からデータの値の平均の2乗を差し引いた計算結果を次の表10に記します。分散を計算するには、この算式を使うと簡単に求められることがあります。

　データXの平均が$E(X)$と表記されるのと並列的に、分散は下記のように表記されて使われることが多いです。

第2章 基礎統計量

$$\text{分散} = \text{Var}(X) \text{（または} V(X)\text{）} = \sigma^2$$

ちなみに、VarはVariance（分散）の略称です。

加重平均を算出した場合は、分散の算出も偏差の２乗にウェイト付けをして、下記の算式に従い計算します。この場合も分散は、［２乗の平均－平均の２乗］が成立します。

$$\text{分散}(\sigma^2) = \frac{1}{W}\{(x_1-\bar{x})^2 w_1 + (x_2-\bar{x})^2 w_2 + (x_3-\bar{x})^2 w_3 + \cdots\cdots + (x_n-\bar{x})^2 w_n\}$$

$$= \frac{1}{W}\sum_{i=1}^{n}(x_i-\bar{x})^2 w_i$$

$$= \frac{1}{W}\sum_{i=1}^{n}x_i^2 w_i - \bar{x}^2$$

ただし
$$W = w_1 + w_2 + w_3 + \cdots + w_n$$
$$= \sum_{i=1}^{n} w_i$$

表10 日本の選手の身長の分散の計算例（簡便法）

選手数	身長（cm）	身長の２乗	選手数	身長（cm）	身長の２乗
1	169	28,561.0	13	177	31,329.0
2	170	28,900.0	14	178	31,684.0
3	170	28,900.0	15	179	32,041.0
4	172	29,584.0	16	182	33,124.0
5	172	29,584.0	17	182	33,124.0
6	173	29,929.0	18	183	33,489.0
7	174	30,276.0	19	183	33,489.0
8	174	30,276.0	20	185	34,225.0
9	175	30,625.0	21	185	34,225.0
10	175	30,625.0	22	187	34,969.0
11	176	30,976.0	23	188	35,344.0
12	177	31,329.0	合計	4,086	726,608.0
			平均	177.7	31,591.7
			平均の２乗		31,560.29
			分散		31.4

身長の２乗の平均－平均の２乗＝31,591.7－31,560.29≒31.4

3.2 ボラティリティ

ボラティリティとは、金融資産の価格変動率（またはリターン）の標準偏差を年率換算した値のことをいい、価格変動率のばらつきの度合を表す尺度として使われています。p.46「4　証券のリターンとリスク」で解説する証券のリスクに相当する尺度の一つですが、一般的には市場全体の値動きについて定性的に論ずる場合に使われることが多いといえそうです。標準偏差の年率換算については、第3章で詳しく解説します。

ボラティリティには金融資産の時系列データから算出されるヒストリカル・ボラティリティ（またはアクチュアル・ボラティリティ）と、オプション等の価格に反映されているインプライド・ボラティリティがあります。前者はボラティリティの過去の実績データであるのに対し、後者は将来のボラティリティの予測値になります。

ヒストリカル・ボラティリティを算出するには、対象とする金融資産の価格の対数変化率（p.46参照）の移動平均値からの乖離を表す標準偏差を求め、それを年率換算します。標準偏差は母集団の推定値とみなすので、不偏標準偏差を使うのが一般的です。日経225オプションの分析に際しては、日経平均株価の日次データを使い、その対数変化率の25日移動平均値のまわりの不偏標準偏差を求め、その不偏標準偏差を年率換算した値がよく使われます。

3.3 データのばらつき度合の比較

象の体重と蟻の体重のばらつきの程度を想像してみてください。大人の象の体重は平均的に5～6トンもあり、体重のばらつき度合を表す標準偏差はキログラム単位の数値であっても不思議ではありません。一方、蟻の体重は1グラムもありません。標準偏差も1グラムよりはるかに小さい値であることが容易に想像されます。この2つの標準偏差は単純に同じ単位を持った数値が与えられても、どちらがばらつきの度合が大きいのかよくわかりません。

また、象の体重と身長のそれぞれの標準偏差がわかっても、体重と身長の

第2章 基礎統計量

どちらがばらつきの度合が大きいのかよくわかりません。

このような、規模の格差を解消するためや、異なった属性のデータ（したがって異なった単位を持ったデータ）のばらつき度合を比較するために考え出されたのが、下記に定義する変動係数とよばれるもので、平均値あたりの標準偏差の比率を表しています。

$$変動係数 = \frac{標準偏差}{平均}$$
$$= \frac{\sigma}{\mu}$$

象、蟻および猿の平均体重と標準偏差が表11-1のようであった場合、どの動物の体重のばらつき度合が大きいといえるでしょうか。

それぞれの動物の変動係数を計算すると、表11-2のようになり、象の体重のばらつき度合が一番大きいことがわかります。

表11-1　平均体重と標準偏差

	平均体重	標準偏差
象	5000kg	400kg
蟻	1g	0.01g
猿	30kg	1kg

表11-2　変動係数

	変動係数
象	0.080
蟻	0.010
猿	0.033

☞まとめ

- 偏差とはデータの値から平均を減じた値（$x_i - \mu$）で定義され、一つひとつの個体についてデータのばらつき度合を表わしている。偏差の総和はゼロとなるので、偏差の平均はゼロとなる。
- 分散は偏差の二乗の平均であり、データの集団について、データのばらつき度合を表わしている。
- 母集団から抽出された標本のデータを使って母集団の分散を推測する場合は、偏差の二乗の平均を求める際、偏差の二乗の総和をデータの個数から1を減じた数（自由度）で割り算した値を使う。この値を不偏分散という。

3 データのばらつき度合を表す尺度

- 時系列データを取り扱うことが多い証券分析では、分散に代えて不偏分散を使うことが多い。
- 分散（σ^2〔読み：シグマ〕と表示されることが多い）はデータの二乗の平均からデータの平均の二乗を引き算しても算出できる。
- 標準偏差（σと表示されることが多い）は分散の平方根である。元のデータと単位が同じなので、分散より使い勝手がいい。
- ボラティリティとは金融資産の価格変動率（またはリターン）の標準偏差（不偏分散の平方根）を年率換算した値のことをいい、価格変動率のばらつきの度合を表す尺度として使われている。
- 変動係数とは、平均値あたりの標準偏差の比率を表し、規模の格差を解消するためや、異なった属性のデータ（異なった単位を持ったデータ）のばらつき度合を比較するために使われる。

【練習問題1】

以下の株式の株価と出来高に関して記述統計学の観点から次の質問に答えなさい（記述統計学の観点とは、以下のデータは母集団とみなすことを意味する）。

	1日目	2日目	3日目	4日目
株価（円）	100	120	X	80
出来高（株）	40	100	40	20

① 1日目から4日目までの単純平均株価が100円のとき、この期間の株価の分散と標準偏差を求めなさい。ただし分散、標準偏差とも整数とする（小数点以下の数値があった場合は、小数点以下1桁目を四捨五入しなさい）。

② 上記①の問題について、分散を下記の公式に当てはめて求めなさい。

$$\sigma^2 = E(X^2) - E(X)^2$$

③ Xが80円のとき、この期間の出来高による加重平均株価に対する分散を求めなさい。

45

【練習問題２】

4人の数学と英語の得点が下記の表のような場合、英語と数学ではどちらがデータのばらつき度合が大きいか、変動係数を使って答えなさい。

	数学	英語
4人の成績	60	90
	50	70
	70	80
	70	90

4　証券のリターンとリスク

4.1　証券のリターンとリスク

　証券のリターンとは投資収益率または投資利回りのことをいい、実績リターンは配当がない場合、価格変動率の平均値（利子率の表示と同様に、通常年率）で表されます。一方、リスクとは価格変動のブレの大きさで表されるので、リターンの標準偏差になります。

　金融資産の実績リターンを求めるために、価格変化率を価格の時系列データを用いて計算する場合、統計的に取り扱いやすいこともあり、一般的に下記のような対数変化率を使います。

P_t：時間 t での価格

P_{t+1}：時間 t+1 での価格

$$対数変化率 = \log_e \left(\frac{P_{t+1}}{P_t}\right) \fallingdotseq \frac{P_{t+1}}{P_t} - 1$$

　対数変化率は、下記に揚げる数学的特性により、特定の期間のリターンが観測時点間のリターンの加算により算出できます。たとえば、日次データを使ってn日間のリターンを観測した場合、日々の価格に対する対数変化率の総和が、期初からn日目までの対数変化率に等しくなります。

P_t：時間 t での価格

P_{t+1}：時間 t+1 での価格

P_{t+2}：時間 t+2 での価格

$$t から t+2 までの変化率 = \log_e\left(\frac{P_{t+2}}{P_t}\right) = \log_e\left\{\left(\frac{P_{t+2}}{P_{t+1}}\right)\left(\frac{P_{t+1}}{P_t}\right)\right\}$$

$$= \log_e\left(\frac{P_{t+2}}{P_{t+1}}\right) + \log_e\left(\frac{P_{t+1}}{P_t}\right)$$

$$= (t から t+1 までの変化率) + (t+1 から t+2 までの変化率)$$

　この特性により、対数変化率を使った日次リターンを年率換算するには、日次リターンの平均値に1年間の観測日数である250（1年の取引日数を250日とする場合）を乗ずることで求めることができます。同様に、対数変化率を使った月次リターンを年率換算するには、月次リターンの平均値に1年間の月数である12を乗じます。

　金融理論上、リスクの定義はいろいろありますが、上述のリスクは金融理論上のトータル・リスクとよばれます。株式は銘柄によって価格変動の度合が違います。収益の変動率が大きい会社の株式は、収益の変動率の小さい会社の株式より株価の変動率が大きいといえます。景気変動の影響を受けやすい会社の株式は、景気変動の影響を受けにくい会社の株式よりも株価の変動率が大きいといえます。同じ業種の会社でも借入金の多い会社ほど、収益の

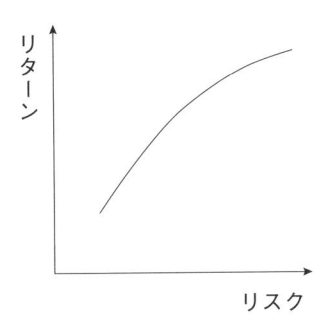

図13　リスク・リターン曲線

ブレが大きく、したがって株価の変動率が大きいといえます。
　リスクとは、このような株価の変動の度合を表す尺度をいいます。株価の変動率が大きいと、その株式に投資した場合、大きな利益が期待できる反面、損失をこうむる可能性も高いといえます。それゆえリスクが大きくなれば、要求される見返りが大きくなるのでリターンが高くなり、リスクとリターンは図13のような比例的な関係となります。
　他のデータ集団と異なり、金融商品のデータは平均（リターン）だけを比較しても片手落ちで、標準偏差（リスク）の分析をしなければ、その金融商品の優劣を決めることはできません。リスクに適うリターンかどうかの判断をすることが必要です。

4.2　リスク、リターンとパフォーマンスの評価

　証券Aと証券Bの平均リターンとその標準偏差が表12のようになった場合の投資効率を考えてみましょう。

表12　平均リターンと標準偏差

	（年率）リターン	（年率）標準偏差
証券A	5%	15%
証券B	7%	25%

　リターンだけを考えれば、証券Bに投資したほうがよかったということになりますが、証券Bは標準偏差が大きく、したがってリスクが大きいということになります。はたして、証券Bに投資した方が効率のいい投資と言えるのかどうか検討する必要があります。このように、複数の証券のリターンと標準偏差が与えられた場合、1リスク当たりのリターン、つまり1標準偏差当たりのリターンを比較してパフォーマンスの評価をすることで、リスクに見合ったリターンを得られているかどうかの判断をすることがあります。このようなリターンのことをリスク調整後のリターンといいます。

$$\text{リスク調整後のリターン} = 1\text{リスク当たりのリターン} = \frac{\text{リターン}}{\text{標準偏差}}$$

4 証券のリターンとリスク

より一般的には、投資運用パフォーマンスの評価の尺度として、個別証券のリターンからリスク・フリー・レートを控除したリスク・プレミアムや、個別証券のリターンからベンチマークとなるインデックス等のリターンを控除した超過リターンをリスク調整して比較検討します。これらの投資運用パフォーマンスの評価尺度にはシャープ・レシオやインフォメーション・レシオ等があり、それぞれ下記の算式のように定義されています。

$$シャープ・レシオ = \frac{証券Aのリターン - リスク・フリーレート}{証券Aのリターンの標準偏差}$$

$$インフォメーション・レシオ = \frac{超過リターン}{超過リターンの標準偏差}$$

超過リターン ＝ 証券Aのリターン − ベンチマークのリターン

超過リターンの2乗の平均値の平方根のことをトラッキング・エラーと定義されていますが、実務上は、超過リターンの標準偏差（アクティブ・リターンの標準偏差という）のことをトラッキング・エラーとして使っている場

表13 シャープ・レシオとインフォメーション・レシオ

	（年率）リターン	（年率）標準偏差	（年率）トラッキング・エラー
証券A	6%	13%	10%
証券B	7%	25%	20%
無担保コールレート	1%	0	
Topix	3%	10%	

	リスク・プレミアム	シャープ・レシオ
証券A	5%	0.38
証券B	6%	0.24

	超過リターン	インフォメーション・レシオ
証券A	3%	0.30
証券B	4%	0.20

第2章　基礎統計量

合がほとんどです。超過リターンの平均値がゼロの場合両者は一致し、通常両者の差が小さいので実務上は両者を区別しないで取り扱う場合が多いといえます。これらの尺度は年率換算された値で表示されます。

リスク・フリーレートとして、円資産では無担保コールレート、ベンチマークのリターンとしてはTopixのリターンが使われるのが一般的です。証券A、証券B、無担保コールレートおよびTopixのリターンが表13のようになった場合のシャープ・レシオとインフォメーション・レシオは下記のように計算されます。

$$シャープ・レシオ（証券A） = \frac{6\% - 1\%}{13\%} = 0.38$$

$$インフォメーション・レシオ（証券A） = \frac{6\% - 3\%}{10\%} = 0.30$$

シャープ・レシオもインフォメーション・レシオも、数値が大きいほど1リスク当たりのリターンが高いので投資効率が良いということになります。

シャープ・レシオは主にファンドや投資信託の評価に使われ、インフォメーション・レシオは、アクティブ運用する場合の投資運用の評価に使われます。

☞まとめ

- 証券のリターンとは投資収益率または投資利回りのことをいい、配当がなければ、実績リターンは価格変動率の平均値（利子率の表示と同様に通常年率）で表される。
- リスクの定義はいろいろあるが、価格変動のブレの大きさで表されるので、リターンの標準偏差（通常年率）で表されることが多い。
- 価格変動率を計算する場合、統計的に取り扱いやすいこともあり、対数変化率を使う。
- 金融商品の優劣を決めるには、1リスク当たりのリターンを比較して、リスクに見合うリターンかどうかの判断をしなければならない。
- 投資運用パフォーマンスの評価尺度にはシャープ・レシオやインフォメーション・レシオ等がある。

4 証券のリターンとリスク

【練習問題１】

東証株価指数（Topix）をベンチマークとする２つのアクティブ・ファンドAとBおよびTopixの特性が下記のようになった場合、以下の問いに答えなさい。

	（年率）リターン	（年率）標準偏差	（年率）トラッキング・エラー
ファンドA	10%	20%	10%
ファンドB	15%	25%	30%
リスクフリー・レート	1%	0	
Topix	5%	15%	

① それぞれのファンドについて、シャープ・レシオとインフォメーション・レシオを求めなさい。なお、数値は小数点以下３桁目を四捨五入しなさい。

② どちらのファンドの運用パフォーマンスが優れていたか答えなさい。

【練習問題２】

ファンドＸとベンチマークとなるインデックスの１年間の月次リターンを調べたところ、下記のようになった。この期間のファンドＸとベンチマークとなるインデックスの平均リターンをそれぞれ年率で計算しなさい。また、この期間のベンチマークインデックスに対するファンドＸの超過リターンおよびトラッキング・エラーの年率の値を求めなさい。なお、月次リターンは価格の対数変化率を表し、期間中配当はないものとする。

月	月次リターン（対数変化率）ベンチマーク	ファンドＸ
1	0.06	0.03
2	−0.03	−0.05
3	0.07	0.09
4	0.05	0.10
5	−0.01	−0.01
6	−0.05	−0.02
7	−0.01	0.07
8	−0.03	−0.01
9	0.07	0.09
10	−0.01	−0.02
11	0.08	0.02
12	0.00	0.10

5　平均、分散、標準偏差の基本的な特性

　集団を構成するすべての個体のデータに一定の値を加えたり、一定の値を乗じた場合、平均、分散、標準偏差がどのように変化するのか調べてみましょう。これらの特性は第3章で解説する確率変数の特性を理解するうえで非常に重要なので、よく理解するよう努めてください。

　平均、分散、標準偏差はそれらの定義式より、これから解説するような特性が導かれます。

5.1　すべての個体のデータに定数を加えた場合

　「すべてのデータの値が10増えれば、平均は10増える」ということは容易に理解できると思います。一方、標準偏差と分散は、すべてのデータが一定数増えても変化しません。いったいどうしてなのか、調べてみましょう。

　サッカーの例で考えてみましょう。すべての選手の身長が10cm高くなると、身長の合計は10cm×人数分増えます。したがって、平均値は10cm×人数÷人数分増えるので、結局10cmだけ平均値が増えることになります。

　分散は定義式より偏差の2乗の平均値なので、偏差の変化を調べます。偏差は、各選手についてその選手の身長と平均値の差になるので、各選手の身長が10cm増えて平均身長も10cm増えるので、偏差は元の偏差と同じになります。したがって分散も元の分散と同じになります。分散が変わらなければ標準偏差も変わらないということです。

5.2　すべての個体のデータに定数を乗じた場合

　すべてのデータの値が2倍になった場合、平均、分散および標準偏差はどのように変化するのか調べてみることにしましょう。上記5.1の場合と同様にサッカーの選手の例で考えます。先に答えを明かすと、平均、標準偏差は2倍になり、分散は4倍（2の2乗）になります。

　サッカーの選手の例では、すべての選手の身長が2倍になるということは、元の身長の合計が2倍になるということです。選手の数は変わらず、平

均値は2倍になった合計身長を選手の数で割った値なので、元の平均値の2倍の平均値となります。

　一方、すべての選手の身長が2倍になり、平均も2倍になるので、偏差は元の偏差の2倍になります。したがって偏差の2乗は、元の偏差の2倍の2乗である4倍となるので、分散は4倍になり、標準偏差は$\sqrt{4}$倍した値の2倍となります。

5.3　平均、分散、標準偏差の基本的な特性の一般形

　上記の特性を一般化すると以下のような関係が導かれます。この関係は、今後の分析に非常に役立つので、覚えておいてください。

　すべてのデータの値に定数 a を加えた場合、平均は a だけ増えますが、分散および標準偏差は変わりません。

　また、すべてのデータの値が b 倍（ b ＞ 0 ）になれば平均、標準偏差は b 倍になり、分散はb^2倍になります。

　上記の関係を記号で表すと、下記のようになります。

5.3.1　平均
① 定数を加算したとき
$$E(X + a) = E(X) + a$$
② 定数を乗じたとき
$$E(bX) = bE(X)$$
③ 定数を乗じ、かつ定数を加算したとき
$$E(bX + a) = bE(X) + a$$

5.3.2　分散
① 定数を加算したとき
$$Var(X + a) = Var(X)$$
② 定数を乗じたとき
$$Var(bX) = b^2 Var(X)$$

③ 定数を乗じ、かつ定数を加算したとき
   Var(bX + a) = b²Var(X)

5.3.3 標準偏差
① 定数を加算したとき
   $\sigma(X+a) = \sigma(X)$
② 定数を乗じたとき
   $\sigma(bX) = b\sigma(X)$　ただし b > 0
   $\sigma(bX) = -b\sigma(X)$　ただし b < 0
③ 定数を乗じ、かつ定数を加算したとき
   $\sigma(bX+a) = b\sigma(X)$　ただし b > 0
   $\sigma(bX+a) = -b\sigma(X)$　ただし b < 0

ただし、X：データの集団（a、bは定数）

☞まとめ

- すべてのデータの値に定数 a を加えた場合、平均は a だけ増えるが、分散と標準偏差は変化しない。
- すべてのデータの値に定数 b（b > 0）を乗じた場合、平均、標準偏差は b 倍になり分散は b^2 倍になる。
- すべてのデータの値に定数 b を乗じ定数 a を加えた場合、以下の算式に従う。
  ① E(bX+a)=bE(X)+a
  ② Var(bX+a)=b²Var(X)
  ③ σ(bX+a)=bσ(X)　ただし b > 0
     σ(bX+a)=−bσ(X)　ただし b < 0

【練習問題】

下記の5つのデータ集団Xに関して以下の質問に答えなさい。

X_1	X_2	X_3	X_4	X_5
10	40	30	20	50

① Xの仮の平均を20と仮定した場合、Xの平均を求めなさい。
② Xの分散を計算すると200であった。すべてのデータを一律に1.2倍にし、さらに10を減じた下記の算式で定義されるデータ集団Yの分散を計算しなさい。

$Y_n = X_n \times 1.2 - 10$　　　　($n=1, 2, 3, 4, 5$)

③ Xを一律に何倍すれば、標準偏差が$5\sqrt{2}$ ($\sqrt{50}$)になるか計算しなさい。
④ Xのデータの数が10に増え、$X_6 \sim X_{10}$の平均と分散が下記の値であった場合、Xの平均と分散を求めなさい。

X_1	X_2	X_3	X_4	X_5	$X_6 \sim X_{10}$
10	40	30	20	50	平均30　分散100

6　データのばらつきの形状を表す分布

　データの集団の特徴を表すには、今まで解説した平均と分散だけでは不十分であり、データの散らばり方を見る必要があります。
　分散や標準偏差はデータの散らばりの度合を表せても、データの散らばり方を表すことができません。同じ標準偏差を持ったデータの集団でも、その集団を構成する個体のデータの散らばり方は同じとは限りません。同じ平均と同じ標準偏差を持ったデータ集団（表14参照）であっても、図13のグラフが示しているように、データの散らばり方は同じとは限りません。
　データの散らばり方を表したものを分布といい、グラフ化するとデータの散らばり方の形状が観察でき、その形状がわかればさまざまな統計分析に応用できます。
　データの分布の様子を知るには、モードのところで解説した、データを一定の刻みに従ってグループ分けした階級と、度数（頻度のこと）を表示した度数分布表をグラフ化したヒストグラムとよばれる柱状のグラフが便利で

第2章 基礎統計量

表14 同じ平均値と標準偏差をもったデータ集団

	データA	データB
	10	15
	10	15
	20	15
	20	15
	20	25
	30	30
	30	30
	40	35
	50	45
	70	75
平均	30	30
標準偏差	17.9	17.9

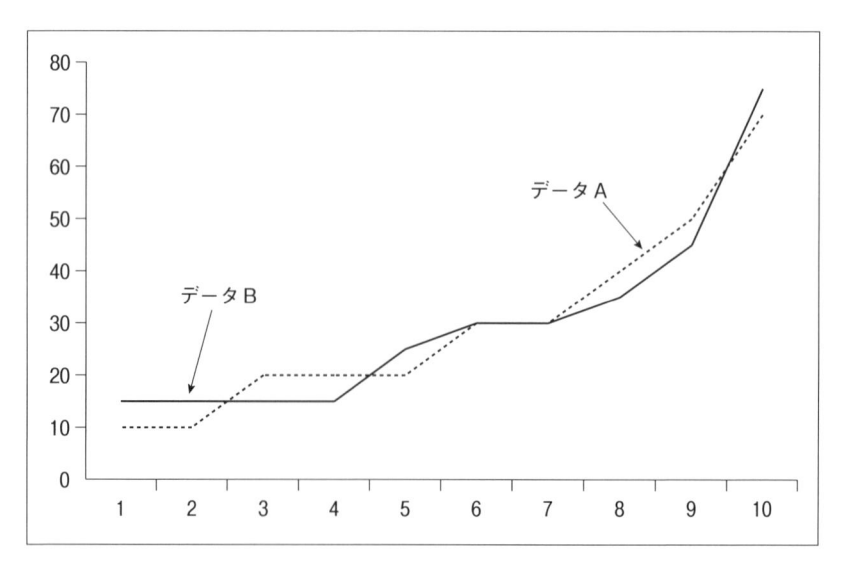

図14 データを小さい順に並べてグラフ化したもの

6 データのばらつきの形状を表す分布

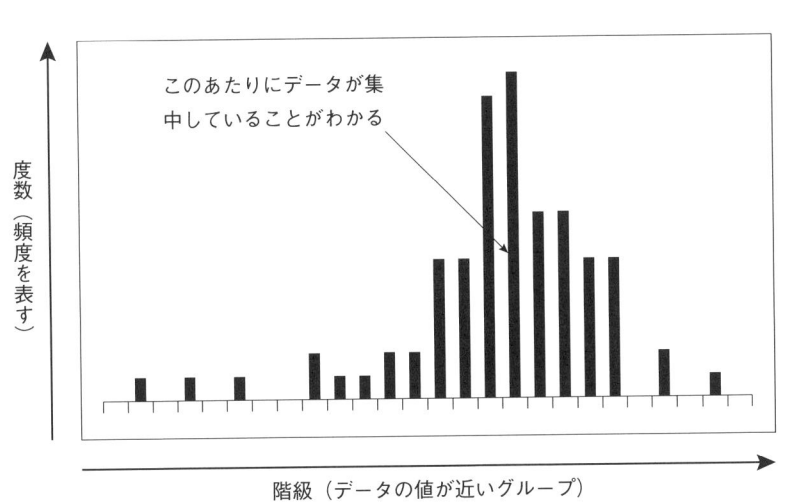

図15 ヒストグラムの例

す。このグラフは分布の様子が視覚的に観察できるので感覚的に理解しやすいという特徴があり、一般的に階級をX軸（横軸）、度数をY軸（縦軸）としてプロットした図15のようなグラフをいいます。

表8（p.36）に表示された日本の選手の身長とブラジルの選手の身長のヒストグラムは図17-1、17-2のようになります。

数多くのデータを取り扱う場合、データの刻みの幅を小さくして階級数を

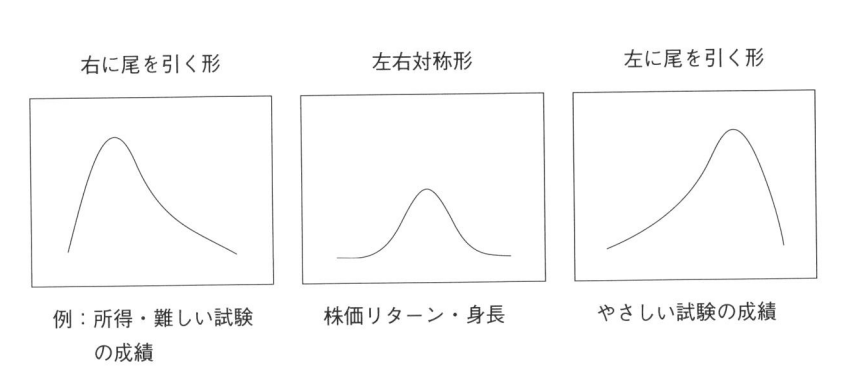

右に尾を引く形　　　　左右対称形　　　　左に尾を引く形

例：所得・難しい試験　　株価リターン・身長　　やさしい試験の成績
　　の成績

図16 分布の形状

57

第2章　基礎統計量

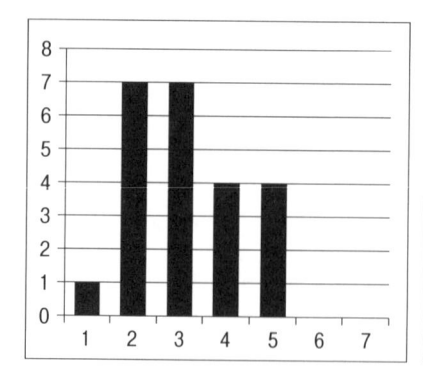

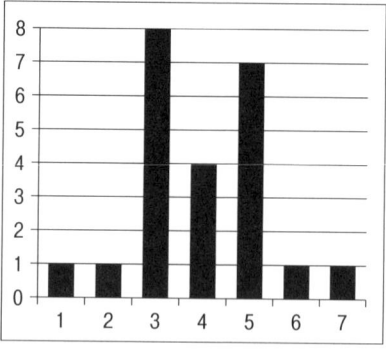

図17-1　日本の選手の身長の
　　　　ヒストグラム

図17-2　ブラジルの選手の身長の
　　　　ヒストグラム

増やせば、柱状のグラフが曲線に近づきます。

　データの刻みの幅をいくつにするのが適切なのかについては、いくつかの公式・ルールが提案されていますが、決まったルールはありません。大切なのは効率よく分布の様子を表せるようにすることです。また刻みの幅は、なじみのある数値にすることもヒストグラムを利用しやすくする工夫のひとつです。たとえば、日経平均株価の価格分布を表すには、オプションの行使価格の刻みである125円を階級の幅とするような操作です。

　自然界や人間社会の中には、無秩序に散らばったデータもありますが、特定の散らばり方をするデータの集団も多く存在します。これらの例の一部を図15に示しておきました。

　統計分析に役立つ代表的な分布に正規分布、二項分布、t分布等があり、これらに関しては第3章で詳しく解説します。

☞まとめ
- データの散らばり方を表したものを分布といい、それをグラフ化するとデータの散らばり方の形状が観察でき、その形状がわかれば様々な統計分析に応用できる。
- 自然界や人間社会の中には、無秩序に散らばったデータもあるが、特定の散らばり方をするデータの集団も多く存在する。

> ● データを一定の刻みに従ってグループ分けしたグループを階級といい、階級と度数（階級が現れる頻度のこと）を表示した度数分布表のグラフをヒストグラムという。
> ● 統計分析に役立つ代表的な分布に正規分布、二項分布、t分布等がある。

7　データ集団間の関係を表す尺度

　これまではデータ集団の特徴を表す尺度を解説してきました。ここでは、データ集団間の関係を表す尺度を解説します。

7.1　相関図（または散布図）

　ブラジルの選手の身長と体重の関係を調べるのに、身長と体重の2つの異なったデータ集団の代表値である平均や標準偏差を比較しても単位も違うので意味がありません。もし、2つのデータ集団の関係を定量的に把握できるなら、一方のデータがわかればもう一方のデータを予想するのにも役立ち、日常的にもさまざまな面で役立つことが想定されます。
　今までと同じように、サッカーの選手を例にとって調べてみることにしましょう。
　ブラジルの選手と日本の選手の身長と体重は表15-1および15-2のようになっています。身長は低い順に並べてあります。身長と体重との関係は、身長が高くなれば体重も多くなると考えられますが、表を見るとそうともいえないようにも見えます。しかし、数字を眺めただけでは傾向がよくわかりません。そこで、身長をX軸に、体重をY軸にプロットし、身長と体重の関係を画像化してみると、両者の関係の様子がわかりやすくなります（図18、19参照）。このような図を相関図または散布図といいます。
　上記の2つの相関図を比べてみると、ブラジルの選手では身長が増えると概ね体重も増える傾向がみられますが、日本の選手についてはそのような傾向はそれほど強くないようです。
　一般的に、2つのデータ間の関係は、次に掲げる3つの定性的な性質に分

表15-1　ブラジルの選手の身長と体重

体重(kg)	身長（cm)
52	165
75	174
65	175
64	175
70	175
73	176
80	178
79	178
67	178
76	179
71	180
73	180
66	180
79	182
90	186
77	186
73	186
80	187
87	188
84	188
93	189
78	190
84	195

表15-2　日本の選手の身長と体重

体重(kg)	身長（cm)
68	169
73	170
68	170
63	172
63	172
72	173
73	174
76	174
74	175
62	175
68	176
73	177
75	177
74	178
65	179
73	182
76	182
81	183
76	183
82	185
70	185
85	187
78	188

類されます。

(1) 正の相関：一方が増えると他方も増える傾向（あくまで傾向をとらえること。下記の(2)と(3)についても同様のことがいえる。一方が増えると必ず他方も増えるということを意味しない）、または一方が減ると他方も減る傾向

(2) 負の相関：一方が増えると他方は減る傾向、または一方が減ると他方は増える傾向

(3) 無相関：一方が変化する方向と他方が変化する方向の傾向が、どちらともいえない場合

7 データ集団間の関係を表す尺度

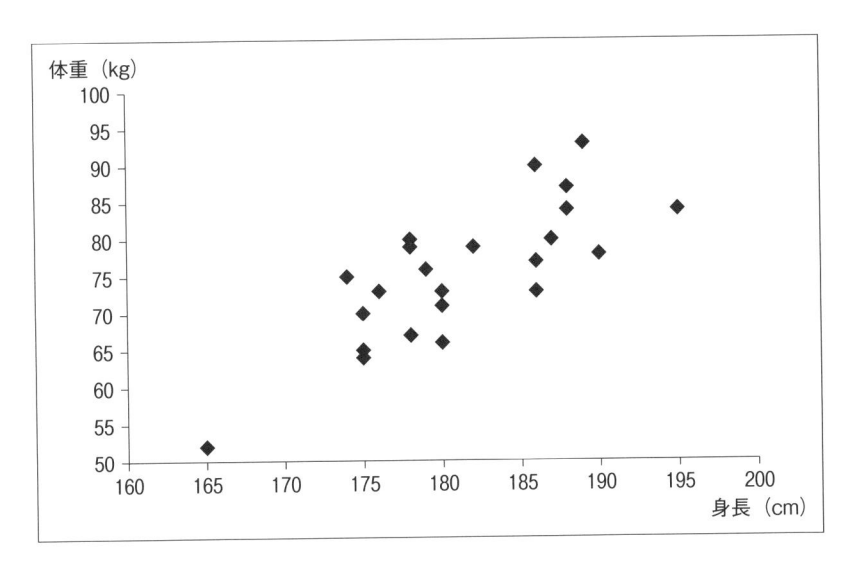

図18 ブラジルの選手の身長と体重の相関図（または散布図）

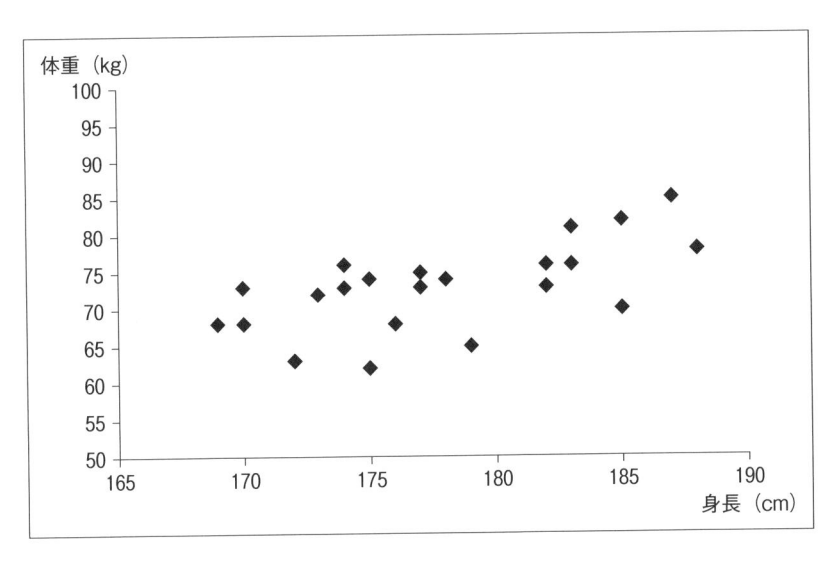

図19 日本の選手の身長と体重の相関図

第2章 基礎統計量

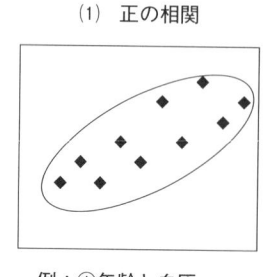

(1) 正の相関　　　(2) 負の相関　　　(3) 無相関

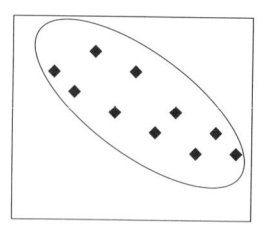

例：①年齢と血圧　　①1日当たりの歯磨きの　　①体重と視力
　　②収入と消費支出　　時間と虫歯の数　　　　　②血液型と寿命
　　　　　　　　　　②運動量と体脂肪率

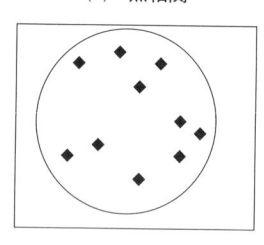

図20　相関の3つの性質

　図20に示されているように、正の相関を持つデータの例として年齢と血圧等があり、負の相関を持つデータの例として運動量と体脂肪率等があります。また、無相関のデータの例として血液型と寿命等があります。

7.2　共分散

　分散はデータのばらつき度合を表す尺度でしたが、共分散は2つのペアのデータ集団間の相関の傾向を表す尺度です。相関図を描かなくても計算により相関の傾向を知ることができるよう考え出された尺度ですが、相関の強弱は表すことができません。

　身長Xと体重Yが図21のような相関を示している場合の例を使って、共分散の概念と定義式を調べてみましょう。

　この相関図を参考にして、相関関係を表す数式を見つけるため、相関図をそれぞれのデータの平均値で4分割します。次に、データをそれぞれのデータの平均値より大きい集団と平均値より小さい集団に分け、データ集団がどこにいるかで相関の有無を判断します。

　上記の相関図の4分割されたエリアは算式で表すと下記のように分類されます。ただし μ_x は身長Xの平均で、μ_y は体重Yの平均です。

7 データ集団間の関係を表す尺度

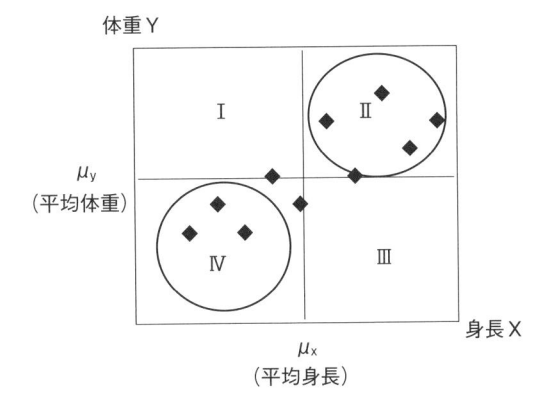

図21 身長と体重の相関

Ⅰ $(Y - \mu_y) > 0$ かつ $(X - \mu_x) < 0$
Ⅱ $(Y - \mu_y) > 0$ かつ $(X - \mu_x) > 0$
Ⅲ $(Y - \mu_y) < 0$ かつ $(X - \mu_x) > 0$
Ⅳ $(Y - \mu_y) < 0$ かつ $(X - \mu_x) < 0$

　上記の4つの関係式は、下記のように、身長および体重のそれぞれの偏差の積の不等式に書き換えられます。

Ⅰ $(Y - \mu_y)(X - \mu_x) < 0$ （正の数値と負の数値の積は負の数値となるため）
Ⅱ $(Y - \mu_y)(X - \mu_x) > 0$ （正の数値と正の数値の積は正の数値となるため）
Ⅲ $(Y - \mu_y)(X - \mu_x) < 0$ （負の数値と正の数値の積は負の数値となるため）
Ⅳ $(Y - \mu_y)(X - \mu_x) > 0$ （負の数値と負の数値の積は正の数値となるため）

相関関係に関して、上記の4分類を使って次のようなことが導かれます。

① 正の相関 → データ集団が概ねⅡとⅣに分類される
② 負の相関 → データ集団が概ねⅠとⅢに分類される

第2章　基礎統計量

上記の関係をさらに書き換えると下記のようになります。

① 正の相関　→　偏差の積が概ね正の値となる
② 負の相関　→　偏差の積が概ね負の値となる

「概ね」という概念は「平均的」に置き換えられるので、偏差の積の平均を調べれば相関関係の判断ができます。

一般的に、2つのペアのデータ間の相関の傾向を知るには偏差の積の平均が正か負かを調べればよいということがわかります。この偏差の積の平均を共分散と呼び、ペアデータ間の相関の傾向を表す尺度として、下記の式のように定義されます。偏差の積の平均が正の値であれば「正の相関」、負の値であれば「負の相関」を持っているということになります。

$$共分散 = 偏差の積の平均$$
$$= \frac{1}{n}\sum_{i=1}^{n}(x_i - \mu_x)(y_i - \mu_y) \quad \cdots\cdots ①$$
$$= \frac{1}{n}\sum_{i=1}^{n}x_i y_i - \mu_x \mu_y \quad \cdots\cdots ②$$
$$= 積の平均 - 平均の積$$

なお、母集団から抽出された標本のデータを使って母集団の共分散を推測する場合は、不偏分散の定義と同じように、偏差の積の平均を求める際、自由度（n − 1）で偏差の積の総和を割り算します。ただ、共分散の値の大小はあまり重要な意味を持たないので、このことは神経質に考えることはないと思います。

上記の①式を分解していくと②式が導き出され（証明略）、共分散はペアデータの積の平均からそれぞれのデータの平均の積を控除した値と同じになります。この関係は分散の定義と似ています。分散とは偏差の2乗の平均でしたが、データの2乗の平均からデータの平均の2乗を控除した値と同じです。

具体例として、日本のサッカー選手の身長と体重の共分散を、2つの計算

7 データ集団間の関係を表す尺度

方法で求めてみることにしましょう。

表16より、日本のサッカー選手の身長と体重の共分散は21.4（cm・kg）となり、身長と体重は正の相関関係にあることがわかります。

表16 日本の選手の身長と体重の共分散

選手数	身長 (cm)	身長の偏差 (cm)	体重 (kg)	体重の偏差 (kg)	身長と体重 の偏差の積 (cm・kg)	身長と体重 の積 (cm・kg)
1	169	−8.7	68.0	−4.5	39.1	11,492
2	170	−7.7	73.0	0.5	−3.7	12,410
3	170	−7.7	68.0	−4.5	34.6	11,560
4	172	−5.7	63.0	−9.5	53.8	10,836
5	172	−5.7	63.0	−9.5	53.8	10,836
6	173	−4.7	72.0	−0.5	2.4	12,456
7	174	−3.7	73.0	0.5	−1.7	12,702
8	174	−3.7	76.0	3.5	−12.7	13,224
9	175	−2.7	74.0	1.5	−3.9	12,950
10	175	−2.7	62.0	−10.5	27.9	10,850
11	176	−1.7	68.0	−4.5	7.5	11,968
12	177	−0.7	73.0	0.5	−0.3	12,921
13	177	−0.7	75.0	2.5	−1.6	13,275
14	178	0.3	74.0	1.5	0.5	13,172
15	179	1.3	65.0	−7.5	−10.1	11,635
16	182	4.3	73.0	0.5	2.1	13,286
17	182	4.3	76.0	3.5	15.1	13,832
18	183	5.3	81.0	8.5	45.3	14,823
19	183	5.3	76.0	3.5	18.6	13,908
20	185	7.3	82.0	9.5	69.6	15,170
21	185	7.3	70.0	−2.5	−18.5	12,950
22	187	9.3	85.0	12.5	116.6	15,895
23	188	10.3	78.0	5.5	56.7	14,664
合計	4086	0.0	1668	0.0	491.2	296,815
平均	177.7		72.5		21.4	① 12,905.0

身長の平均と体重の平均の積 ② 12,883.6

共分散 → 21.4

①−②

7.3 相関係数

偏差の積の平均の単位は2つの単位を掛け合わせたものなので、単位が表す意味がわからなくなってしまいます。表16の身長cmと体重kgを積にすると、単位は意味不明になります。単なる比率のような無単位の値にした方が、使い勝手がよくなります。

そこで、共分散を2つのデータの標準偏差の積で割ると単位がなくなり、1標準偏差の積あたりの値となりすっきりします。この値を相関係数（厳密にはピアソンの積率相関係数と呼ばれるが、相関係数と言えば一般的にこのことを指す）といい、2つのデータの相関の度合を表す尺度として次の算式のように定義されます。

$$相関係数 = \frac{共分散}{\sigma_x \sigma_y}$$

$$= \frac{\frac{1}{n}\sum_{i=1}^{n}(x_i - \mu_x)(y_i - \mu_y)}{\sigma_x \sigma_y}$$

相関係数は−1以上1以下の値をとり、相関係数がゼロの場合ペアデータは無相関であるのに対し、1または−1に近づくほど相関の度合が強くなります。相関係数が負の場合は負の相関があり、相関係数が正の場合は正の相関があります。

サッカー選手の身長と体重の関係は散布図を見る限り、ブラジルの選手の方が日本の選手より相関が強いようでしたが、それぞれの相関係数を計算して、本当にそうなのか調べてみることにしましょう。

表17と18に相関係数の計算過程を示しておきました。それによると、日本の選手の身長と体重の相関係数は0.642で、ブラジルの選手の場合は0.787となり、相関図で見られたようにブラジルの選手の方が身長と体重の相関関係が強いということが数値的に明らかになりました。

2つのデータの相関関係を分析する場合、機械的にデータ全体の相関係数

表17　日本の選手の身長と体重の相関係数

日本の選手							
身長 (cm)	身長の偏差 (cm)	体重 (kg)	体重の偏差 (kg)	身長と体重の偏差の積 (cm・kg)	身長の2乗 (cm・cm)	体重の2乗 (kg・kg)
169	−8.7	68.0	−4.5	39.1	28,561	4,624
170	−7.7	73.0	0.5	−3.7	28,900	5,329
170	−7.7	68.0	−4.5	34.6	28,900	4,624
172	−5.7	63.0	−9.5	53.8	29,584	3,969
172	−5.7	63.0	−9.5	53.8	29,584	3,969
173	−4.7	72.0	−0.5	2.4	29,929	5,184
174	−3.7	73.0	0.5	−1.7	30,276	5,329
174	−3.7	76.0	3.5	−12.7	30,276	5,776
175	−2.7	74.0	1.5	−3.9	30,625	5,476
175	−2.7	62.0	−10.5	27.9	30,625	3,844
176	−1.7	68.0	−4.5	7.5	30,976	4,624
177	−0.7	73.0	0.5	−0.3	31,329	5,329
177	−0.7	75.0	2.5	−1.6	31,329	5,625
178	0.3	74.0	1.5	0.5	31,684	5,476
179	1.3	65.0	−7.5	−10.1	32,041	4,225
182	4.3	73.0	0.5	2.1	33,124	5,329
182	4.3	76.0	3.5	15.1	33,124	5,776
183	5.3	81.0	8.5	45.3	33,489	6,561
183	5.3	76.0	3.5	18.6	33,489	5,776
185	7.3	82.0	9.5	69.6	34,225	6,724
185	7.3	70.0	−2.5	−18.5	34,225	4,900
187	9.3	85.0	12.5	116.6	34,969	7,225
188	10.3	78.0	5.5	56.7	35,344	6,084
合計 4086	0.0	1668	0.0	491.2	726,608	121,778
平均 177.7		72.5		21.4	31,592	5,295
平均の2乗 31,560		5,259				
分散 31.4		35.3				
標準偏差 5.60		5.94				

$$\text{相関係数} = \frac{21.4}{5.6 \times 5.94} = 0.642$$

の値だけをみて相関の度合を判断するのではなく、相関図を部分的に見て相関関係に部分的な特徴がないかどうかを吟味することも時には必要です。先

67

第2章 基礎統計量

表18 ブラジルの選手の身長と体重の相関係数

ブラジルの選手							
身長 (cm)	身長の偏差 (cm)	体重 (kg)	体重の偏差 (kg)	身長と体重の偏差の積 (cm・kg)	身長の2乗 (cm・cm)	体重の2乗 (kg・kg)
165	−16.3	52.0	−23.5	382.8	27,225	2,704
174	−7.3	75.0	−0.5	3.5	30,276	5,625
175	−6.3	65.0	−10.5	66.1	30,625	4,225
175	−6.3	64.0	−11.5	72.4	30,625	4,096
175	−6.3	70.0	−5.5	34.5	30,625	4,900
176	−5.3	73.0	−2.5	13.1	30,976	5,329
178	−3.3	80.0	4.5	−14.9	31,684	6,400
178	−3.3	79.0	3.5	−11.6	31,684	6,241
178	−3.3	67.0	−8.5	28.0	31,684	4,489
179	−2.3	76.0	0.5	−1.2	32,041	5,776
180	−1.3	71.0	−4.5	5.8	32,400	5,041
180	−1.3	73.0	−2.5	3.2	32,400	5,329
180	−1.3	66.0	−9.5	12.4	32,400	4,356
182	0.7	79.0	3.5	2.4	33,124	6,241
186	4.7	90.0	14.5	68.2	34,596	8,100
186	4.7	77.0	1.5	7.1	34,596	5,929
186	4.7	73.0	−2.5	−11.6	34,596	5,329
187	5.7	80.0	4.5	25.8	34,969	6,400
188	6.7	87.0	11.5	77.1	35,344	7,569
188	6.7	84.0	8.5	57.1	35,344	7,056
189	7.7	93.0	17.5	134.8	35,721	8,649
190	8.7	78.0	2.5	21.9	36,100	6,084
195	13.7	84.0	8.5	116.7	38,025	7,056
合計 4170	−0.0	1736	−0.0	1,093.7	757,060	132,924
平均 181.3		75.5		47.6	32,916	5,779
平均の2乗 32,871		5,697				
分散 44.4		82.3				
標準偏差 6.66		9.07				

$$\text{相関係数} = \frac{47.6}{6.66 \times 9.07} = 0.787$$

の日本の選手の身長と体重の相関関係では、図22の散布図が示すように、身長が180cm以下の場合とそれより大きい場合とでは明らかに相関関係が異な

ります。身長が180cm以下の場合では、身長と体重の相関関係はあまり見うけられませんが、身長が180cmより高い場合では、身長と体重は正の相関関係がありそうです。

状況・目的に応じてこのような分析も必要となります。

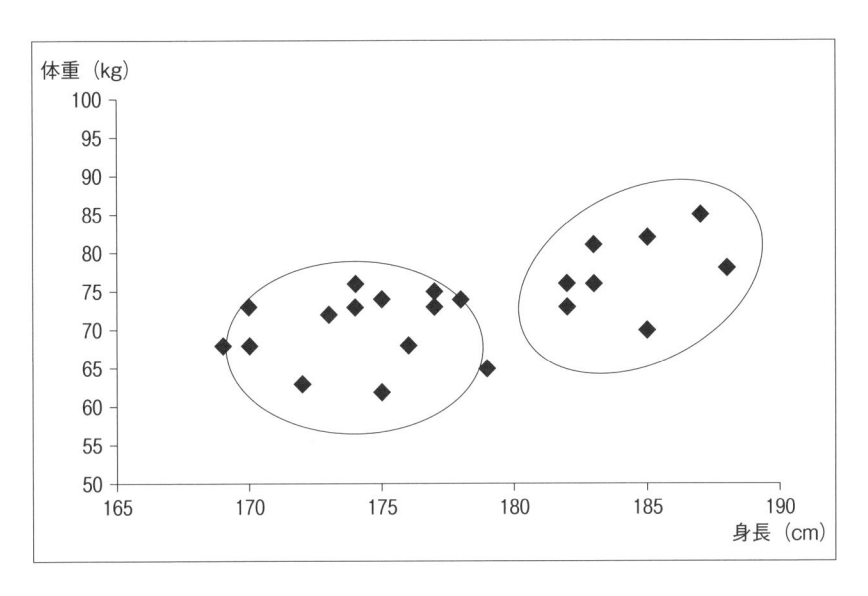

図22　日本の選手の身長と体重の相関図（部分相関）

Column　ボリンジャーバンド

　ボリンジャーバンドとは、株価等の移動平均値と標準偏差を同時にグラフ上に表示したチャートで、移動平均線を中心に、±1σ、±2σ、±3σの幅を表示したグラフです。抽出する株価は母集団の一部とみなされるため、標準偏差は不偏標準偏差を使います。

　株価の移動平均を算出したときの例を使って、ボリンジャーバンドを作成すると下記のようになります。

第2章 基礎統計量

表19 株価のボリンジャーバンドの計算例

日付	株価(円)	5日移動平均株価(円)	標準偏差(円)	移動平均+1σ	移動平均−1σ
1	60				
2	50				
3	50				
4	40				
5	50	50	7.1	57.1	42.9
6	60	50	7.1	57.1	42.9
7	50	50	7.1	57.1	42.9
8	70	54	11.4	65.4	42.6
9	80	62	13	75	49
10	100	72	19.2	91.2	52.8
11	110	82	23.9	105.9	58.1
12	120	96	20.7	116.7	75.3
13	110	104	15.2	119.2	88.8
14	100	108	8.4	116.4	99.6
15	130	114	11.4	125.4	102.6
16	140	120	15.8	135.8	104.2
17	140	124	18.2	142.2	105.8
18	130	128	16.4	144.4	111.6
19	150	138	8.4	146.4	129.6
20	160	144	11.4	155.4	132.6

計算例

5日目の分散 $= (60^2 + 50^2 + 50^2 + 40^2 + 50^2) \div 4 - \dfrac{5}{5-1} \times 50^2 = 50$

∴ 5日目の標準偏差 $= \sqrt{50} \fallingdotseq 7.1$

5日目の移動平均 $+1\sigma = 50 + 7.1 = 57.1$

5日目の移動平均 $-1\sigma = 50 - 7.1 = 42.9$

7 データ集団間の関係を表す尺度

株価
(円)

図のラベル:
- 5日移動平均＋1σ
- 5日移動平均
- 5日移動平均－1σ

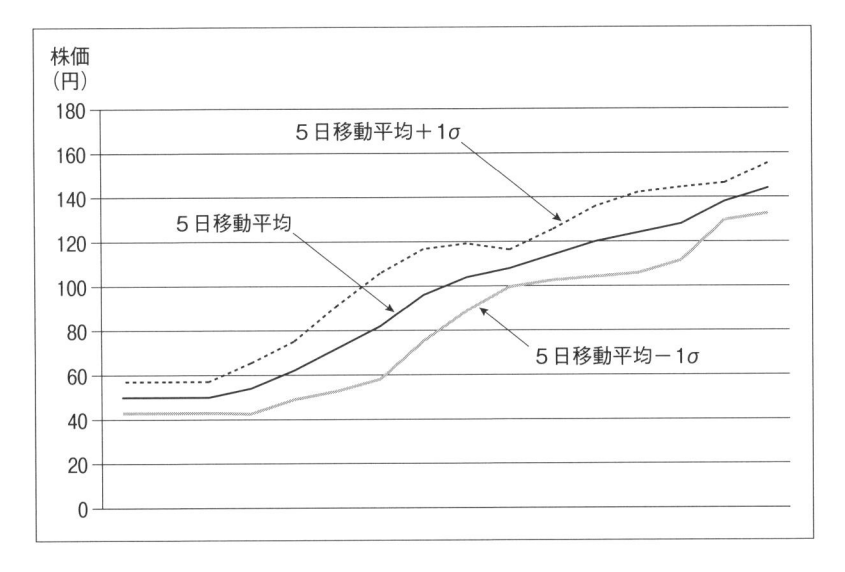

図23　ボリンジャーバンド

☞まとめ

- 2つのペアのデータ集団の一方をX軸に、他方をY軸にプロットしたグラフを散布図または相関図という。
- 散布図は、データ集団間の関係の様子を視覚的に表すことができる。
- 一般的に、2つのデータ集団間の関係は、(1)正の相関、(2)負の相関および(3)無相関の、3つの定性的な性質に分類される。
- 共分散は2つのペアのデータ集団の相関の傾向を表す尺度であり、偏差の積の平均で定義される。
- 共分散は相関の強弱度を表すことはできない。
- 分散の計算式と同じように、共分散もデータの積の平均から、平均の積を引き算しても算出できる。
- 相関係数は2つのデータの相関の度合を表す尺度であり、共分散をそれぞれのデータの標準偏差の積で割り算した、下記の算式で定義される。

$$相関係数 = \frac{共分散}{\sigma_x \sigma_y}$$

- 相関係数が負の場合は負の相関があり、相関係数が正の場合は正の相

71

- 関がある。
- 相関係数は－1以上1以下の値をとり、相関係数がゼロの場合ペアデータは無相関であるのに対し、1または－1に近づくほど相関の度合が強くなる。

【練習問題1】

XとYの10日間の株価が下記のようであった場合、以下の問いに答えなさい。

	X（円）	Y（円）
1日目	41	40
2日目	35	39
3日目	45	49
4日目	43	44
5日目	41	45
6日目	38	34
7日目	42	46
8日目	43	42
9日目	39	45
10日目	33	36

① X軸にXの株価、Y軸にYの株価を示した散布図（相関図）を描き、散布図からどのような相関関係があるのか答えなさい。

② XとYの共分散および相関係数を求めなさい（XとYを母集団とみなす）。

③ XとYの共分散および相関係数を求めなさい（YとYを母集団から抽出された標本とみなす）。

【練習問題２】

XとYの株価の相関係数が−1であった場合、下記の表の中のbの値を求めなさい。

X（円）	Y（円）
100	b
102	49
98	51
106	47
102	49

【練習問題３】

ファンドXとファンドYの5年間のパフォーマンスを調べたところ、ファンドYの方が高いリターンであったが、両ファンドの超過リターンの標準偏差は共に5.46％であった（次の表参照）。ファンドXとファンドYの、それぞれの超過リターン同士の相関係数を求めなさい。

年	リターン ベンチマーク	リターン ファンドX	リターン ファンドY	超過リターン ファンドX	超過リターン ファンドY
1	0.06	0.03	0.09	−0.03	0.03
2	−0.03	−0.05	−0.01	−0.02	0.02
3	−0.01	−0.02	0.00	−0.01	0.01
4	0.08	0.02	0.14	−0.06	0.06
5	0.00	0.10	−0.10	0.10	−0.10
平均リターン％（年率）	2.0％	1.6％	2.4％	−0.4％	0.4％
標準偏差	4.24％	5.08％	8.36％	5.46％	5.46％

第3章 統計解析

本章では、現在の状況を表している統計から、将来を予測するためのさまざまなデータ解析について学ぶ。将来を知るための手法は、現在を分析するための手法に拠るものだ。さらに、検証方法を学び、不確実なデータから未来を分析しよう。これこそが証券分析の「本丸」なのである。

1 データ集団のリアル（統計データ）とバーチャル（確率変数）の世界

1.1 確率変数と確率分布

　これまでは実測データを分析し、データ集団の特徴を表す方法を解説してきました。過去の実測データを分析する手法は、不確実な将来の状況のもとで変動するものを予測したり、その動きを分析するのに応用することができます。

　現実の過去のデータを分析することをリアルの世界の統計分析とすれば、将来の不確実な状況下で変動するデータを分析することは、バーチャルの世界の統計分析といえるでしょう。ここで変動するデータのことを確率変数とよびます。

　リアルの世界の統計量の特性はバーチャルの世界にも通用しますので、第2章で学習した統計量を思い出しながら学習すると理解が早まります。

　金融分析においては、金利や株価は常に変動し、予測するのは非常に難しいといえます。このような将来変動するデータがある場合において、一定の仮定のもとに理論的に予測するために考え出されたのが、これから解説する確率変数と確率分布の概念です。証券アナリスト1次試験にも、確率変数と確率分布の概念に関してほぼ毎回出題されているようなので、しっかり理解するよう努めてください。

第3章　統計解析

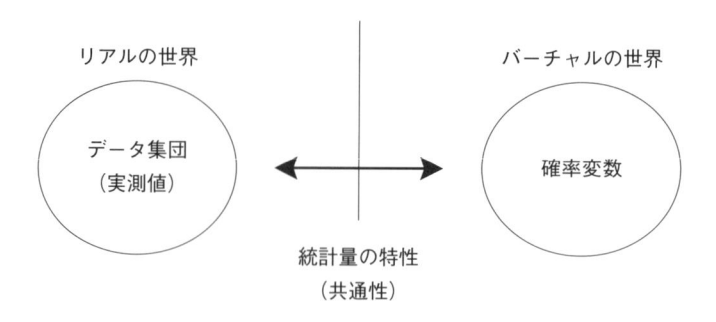

図24　リアルとバーチャルの統計量

1.1.1　確率変数

確率変数とは、本来ある確率のもとでいろいろな値をとって変化する数のことをいいます。ちなみに変化しない数は定数とよび、変数の対義語といえるでしょう。また確率を伴わないでいろいろな値をとる数は単なる変数であり、確率変数とは性格が違います。

確率に数学的な確率と統計的な確率があるように、確率変数にも数学的な確率変数と統計的な確率変数があります。代表的な数学的確率変数の例としてはサイコロを振ったときに出る目の数があり、統計的確率変数の例には、株価等があります。

ビジネス界や証券投資では、不確実な状況の下でさまざまな意思決定をしなくてはなりません。将来が不確実な状況の下では、意思決定に必要な要因分析を行いさまざまな結果を予想し、意思決定を下すはずです。将来の不確実状況に影響を与える金利、株価等の要因は状況に応じて異なる値を取るはずです。不確実な状況の下、このような、状況に応じて異なる値を取る変数も確率変数として取り扱います。話は少しそれますが、確率変数のことを英語ではrandom variable（直訳すれば、無秩序な変数という）またはstochastic variableということもありますが、random variableがより一般的に使用されています。英語の方が実態にフィットしているように感じます。

　① 離散的確率変数と連続的確率変数
　　確率変数には、サイコロを振ったときに出る目の数のような飛び飛び

1 データ集団のリアル（統計データ）とバーチャル（確率変数）の世界

の値をとるものと、株価変動率のようなデータが連続した値を取り得るものがあります。飛び飛びの値をとる変数のことを離散的確率変数（離散型確率変数ともいう）とよび、連続した値を取る変数のことを連続的確率変数（連続型確率変数ともいう）とよびます。証券分析には、とりわけ連続的確率変数とその分布の概念の理解が重要です。

①-1　離散的な確率変数

　離散的な確率変数と確率分布（確率変数の分布のこと）についてサイコロの例を使って解説します。

　ある試行（たとえばサイコロを振る、またはコイントスのような行為）の結果として現れる現象を、統計学上では事象といいます。

　サイコロを1つ振る試行を考えてみます。この場合、事象は出た目の数となり、1から6までの6通りです。今、出た目が偶数の場合1,000円もらえ、出た目が奇数の場合は何ももらえないゲームを考えます。サイコロの目は、通常、特定の目が多く出たり少なく出たりすることはありません。つまり目はどれも平等に出るチャンスをもっています。このような、誰にも影響されないで独自に特定の事象が現れる状況を「独立」しているといいます。サイコロの目が出るチャンスはお互い独立していて、特定の目の出る確率は6種類のうちの1つであるから、それぞれ $\frac{1}{6}$ の確率を持っています。この試行を式と表で表すと表20のようになります。

　もらえるお金を確率変数Xとすると、Xはゼロか1,000円かのいずれ

表20　サイコロを振る試行の例

試行：サイコロを1つ振る

サイコロの目 (N)	⚀	⚁	⚂	⚃	⚄	⚅
もらえるお金 (X)	0	1000円	0	1000円	0	1000円
確率（P）	$\frac{1}{6}$	$\frac{1}{6}$	$\frac{1}{6}$	$\frac{1}{6}$	$\frac{1}{6}$	$\frac{1}{6}$

X＝1000　(N＝2,4,6)
X＝0　　 (N＝1,3,5)

表21 離散的確率変数の例（サイコロ）

事象	偶数の目	奇数の目
確率変数（X）	1,000円	0
確率（P）	$\frac{1}{6} \times 3 = \frac{1}{2}$	$\frac{1}{6} \times 3 = \frac{1}{2}$

かの値となり、それぞれ確率が $\frac{1}{2}$ となり、表21のようにまとめることができます。

確率変数の平均値のことを期待値といい、上記の例の期待値は下記のように算出されます。

確率変数の平均値 ＝ 期待値 ＝ $1{,}000円 \times \frac{1}{2} + 0 \times \frac{1}{2} = 500円$

また、実測データ同様、確率変数Xの平均値である期待値は、下記のように表示されます。

$$期待値 = E(X) = \bar{x}（または \mu）$$

上記のような確率変数は、変数の取る値に対する確率が数学的に計算できるのに対し、1年後の日経平均株価が取る値を変数とする場合は、想定される株価に対する確率が数学的に特定できません。本来、確率変数とは確率を伴って変化する数のことですが、株価のような確率が特定できない変数も確率変数として取り扱います。そのように取り扱っても、致命的な不都合が生じることもなく、さまざまな分析に

表22 離散的確率変数の例（株価リターン）

1年後の株価

事象（N）	景気の悪化	現状維持	景気の好転
確率変数（X）（予想リターン）	－2％	5％	8％
確率（P）	20％	50％	30％

1 データ集団のリアル（統計データ）とバーチャル（確率変数）の世界

表23　確率分布表

確率変数 X	x_1	x_2	………	………	………	x_n	計
確率 P	p_1	p_2	………	………	………	p_n	1

利用できるからです。

　株価変動率を確率変数ととらえた例として、1年後の株価の予想リターンを考えてみます。株価の予想リターンは簡便化のため3パターンの景気見通しに分類され、それぞれ表22に示されているようなリターンと確率が想定されているとします。この例の場合も、予想リターンは確率を伴った飛び飛びの値をとる変数なので、離散的確率変数です。

　1年後の株価の予想リターンの期待値は、それぞれの確率変数の値にその確率を乗じた値の和となり、以下のように算出されます。

$$期待値 = E(X) = -2\% \times 0.2 + 5\% \times 0.5 + 8\% \times 0.3 = 4.5\%$$

　確率変数Xの取る値と、その起こる確率Pがどのように分配されているかを示したものを確率分布といい、表23のような確率変数の分布の様子を表で表示したものを、確率分布表といいます。

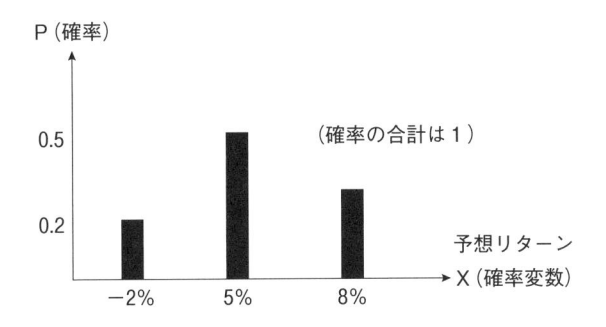

図25　確率分布のグラフ（離散的確率変数）

将来、ある事象が起こる確率は0から1の範囲にまたがります。たとえば、「明日雨が降る確率が0％」の場合はまったく雨が降らないことを意味し、「確率100％」の場合は必ず雨が降ることを意味します。「雨が降る確率が120％」というような、100％を超える確率は存在しません。また確率がマイナス10％というような表示もありません。つまり、ある事象が起こる確率は0（または0％）から1（または100％）までの値となり、すべての事象の確率の合計は1となります。したがって、確率変数に付与された確率の合計は常に1となります。

前述の株式の予想リターンの確率分布をグラフにすると、図24のようになります。

一般的に確率変数に伴った確率Pは、下記のような表示の仕方をします。

　　　Xがx_nとなる確率　──────→　$P(X = x_n) = p_n$
　　例：Xが－2％となる確率　──────→　$P(X = -2\%) = 0.2$
　　　　Xが5％となる確率　──────→　$P(X = 5\%) = 0.5$

このとき$f(x) = P(X = x_n)$（n＝1，2，3……）とおくと、確率変数に付与された確率の総和は1なので、下記の算式が成り立ちます。

$$\sum_{i=1}^{n} f(x_i) = 1$$

①-2　連続的な確率変数

離散的確率変数に対して、長さや重さのような連続的に値をとりうる確率変数を連続的確率変数といいます。連続的確率変数は、変数の取り得る値が無数にあります。

連続的確率変数の例として、前述の離散的確率変数の例で解説した3分類の株価予想リターンを、連続的なリターンに置き換えて考えてみます。過去の株価の変動率から推測した1年後の株価リターンは期待値4.5％を挟んで図26のグラフのような、左右対称形の分布をしていると仮定します。

1 データ集団のリアル（統計データ）とバーチャル（確率変数）の世界

図26　確率密度関数

網掛け部分の面積が
$P(a<X<b) = \int_a^b f(x)\,dx$

確率密度関数 $y = f(x)$

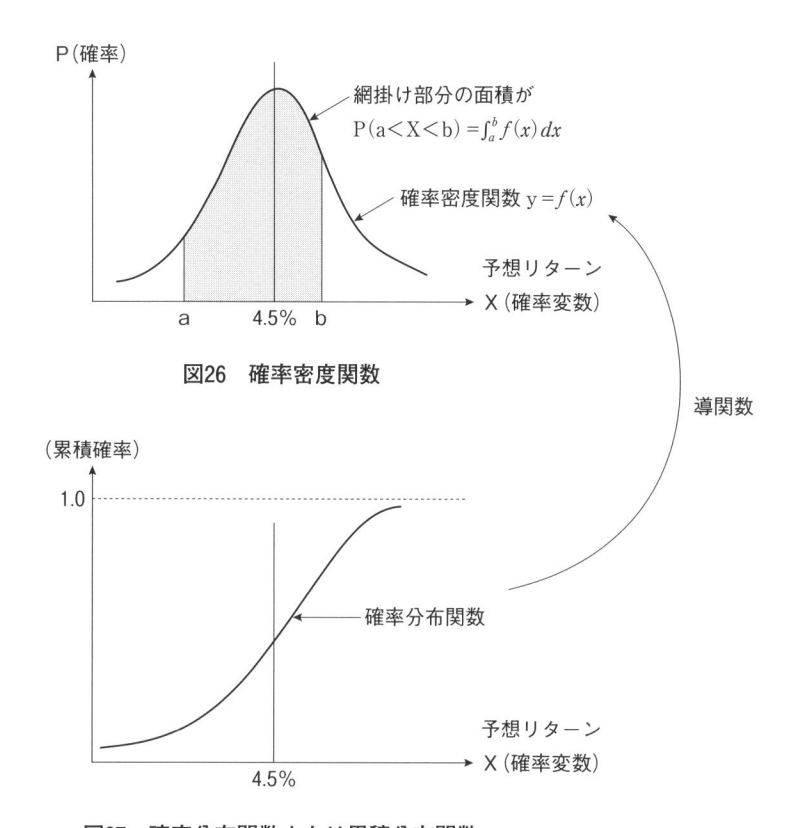

導関数

図27　確率分布関数または累積分布関数

　この分布図（図26）は、期待値近辺に確率変数が収まる確率が最も高く、確率変数が期待値からはずれるほど確率が低くなっているということを示しています。つまり、確率変数がとる確率の密度を表しているので、この曲線の関数のことを確率密度関数といいます。

　図27で表された分布は、確率変数Xが特定の値 x_n 以下になる確率を表しています。つまり確率変数Xが $-\infty$ から特定の値 x_n に収まる確率を表しているので確率変数Xの累積確率を表しています。このような確率変数Xの累積確率を表す関数を確率分布関数または累積分布関数とよびます。

　連続的確率変数の確率分布表は、通常、確率変数Xが $-\infty$ から特定の値 x_n に収まる確率を表しています。これは図27を表形式にして表示したも

のです。このことは、後に解説する標準正規分布表を理解するうえで役立つ概念ですので、頭の片隅に入れておいてください。

連続的確率変数がとる確率については、確率変数Xの取る値が無数に存在するので確率変数Xが特定の区間（たとえば a＜x＜b、図26参照）に入る確率を問題とし、確率変数が特定の値（たとえば a）となる確率は問題視しません。（ちなみにXが特定の値を取る確率はゼロです）したがって、連続的確率変数がとる確率は下記のような表示の仕方をします。

$$\text{Xが a＜X＜b となる確率} \longrightarrow P(a＜X＜b) = p_n$$

注：Xが特定の値となる確率がゼロなので、$P(a \leqq X \leqq b)$ と $P(a＜X＜b)$ は等しい。

確率密度関数は確率分布関数の導関数です。また、株価リターンが a〜b の間に収まる確率は確率密度関数（この関数を $f(x)$ とします）を a から b まで積分した値となるので、数学的に下記のように表示されます。

$$p_n = P(a＜X＜b) = \int_a^b f(x)dx$$

また、確率の合計が1となるので、

$$\int_{-\infty}^{\infty} f(x)dx = 1$$

となります。

② 確率変数の平均、分散
②-1 離散的確率変数の平均、分散

離散的確率変数の平均である期待値は、確率変数の取りうる値を確率でウェイト付けした加重平均となり、下記の算式のようになります。これは第二章の平均のところで解説した加重平均の定義式と同じです。

期待値（$\bar{x}$ または μ）$= E(X) = x_1 p_1 + x_2 p_2 + x_3 p_3 + \cdots\cdots + x_n p_n$

$$= \sum_{i=1}^{n} x_i \cdot p_i$$

ただし　　$p_1 + p_2 + p_3 + \cdots + p_n = \sum_{i=1}^{n} p_i = 1$

また、確率変数の分散も実測データの加重平均を算出したときの分散の計算方法と同様に、確率でウェイト付けして以下の算式に従い計算します。

分散$(\sigma^2) = (x_1 - \bar{x})^2 p_1 + (x_2 - \bar{x})^2 p_2 + (x_3 - \bar{x})^2 p_3 + \cdots + (x_n - \bar{x})^2 p_n$

$$= \sum_{i=1}^{n} (x_i - \bar{x})^2 p_i$$

$$= \sum_{i=1}^{n} x_i^2 p_i - \bar{x}^2$$

定義式より、確率の合計は1となるので下記の式が成立します。

$$\sum_{i=1}^{n} p_i = 1$$

②-2　連続的確率変数の平均、分散

　確率密度関数を$f(x)$とすると、連続的確率変数の期待値、分散は下記の算式のようになります。

期待値（$\bar{x}$またはμ）$= E(X) = \int_{-\infty}^{\infty} x f(x) dx$

分散（σ^2）$= Var(X) = \int_{-\infty}^{\infty} (x - \mu)^2 f(x) dx$

$$= E[X^2] - \mu^2$$

ただし、
$$E[X^2] = \int_{-\infty}^{\infty} x^2 f(x) dx$$

③　確率変数の平均、分散、標準偏差の特性

　確率変数もリアルの世界の実測データの集団と同じように、数値の集

合と考えられるので、確率変数の平均、分散、標準偏差についても実測データの集団の特性とまったく同じ、以下の関係が成立します。

X：確率変数　（a、bは定数）

③-1　平均
　1．定数を加算したとき
　　　$E(X+a) = E(X) + a$
　2．定数を乗じたとき
　　　$E(bX) = bE(X)$
　3．定数を乗じ、かつ定数を加算したとき
　　　$E(bX+a) = bE(X) + a$

③-2　分散
　1．定数を加算したとき
　　　$Var(X+a) = Var(X)$
　2．定数を乗じたとき
　　　$Var(bX) = b^2 Var(X)$
　3．定数を乗じ、かつ定数を加算したとき
　　　$Var(bX+a) = b^2 Var(X)$

③-3　標準偏差
　1．定数を加算したとき
　　　$\sigma(X+a) = \sigma(X)$
　2．定数を乗じたとき
　　　$\sigma(bX) = b\sigma(X)$　　　ただし b＞0
　　　$\sigma(bX) = -b\sigma(X)$　　ただし b＜0
　3．定数を乗じ、かつ定数を加算したとき
　　　$\sigma(bX+a) = b\sigma(X)$　　　ただし b＞0
　　　$\sigma(bX+a) = -b\sigma(X)$　　ただし b＜0

これらの関係は証券分析に必要不可欠ですので、覚えておきましょう。な

1 データ集団のリアル（統計データ）とバーチャル（確率変数）の世界

確率

200回　　　　　　　1が出る回数

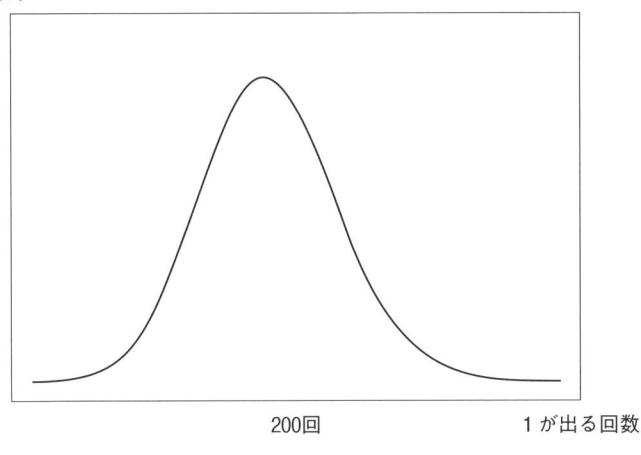

図28　二項分布の例

お、上記の算式は実測データの場合と同様の考え方で導くことができますので証明は省略します。

1.1.2　代表的な確率分布
① 離散的確率変数の分布

　離散的確率変数の分布で最も代表的なのが、二項分布とよばれる分布です。二項分布とは、1回の試行である事象（たとえばサイコロを振って1の目が出ること）が起こる確率がわかっているとき、n回試行を繰り返したときにその事象の起こる回数の分布をいいます。サイコロを1,200回振った場合に1が出る回数の分布は、図28のようになります。感覚的に考えると、1が1回しか出ないとか1が1,199回出ることは、ほぼありえません。したがって、このような事象が起こる確率は極めて低いと想像できます。大数の法則で1が出る回数の期待値は200回 $(1,200 \times \frac{1}{6})$ なので、1が出る回数が200回になる場合に、確率が最も高くなることが想像できると思います。すると、この二項分布のグラフは、200回が頂点になる山形になることが想像できます。

第3章　統計解析

　二項分布でnが大きくなると、後に解説する、連続的確率変数の中で最も代表的な確率分布でかつ証券分析に欠かせない正規分布の形状に近づきます。二項分布そのものは、証券分析であまり使うことはありませんが、正規分布を近似的に求めたい場合などに役立ちます。

　①-1　二項分布

　二項分布の考え方を理解するために、イチロー選手が1試合にヒットを4本以上打つ確率を考えてみましょう。ただし、イチロー選手の平均打率を3割とし、1試合5打席あると仮定します。

　1打席毎にヒットを打つ確率は3割なので、ヒットを打たない確率は7割（1−0.3）となります。まず、5打数4安打になる確率を考えてみます。

　5打数4安打なので、確率3割の試行を4回と確率7割の試行を1回行うことになり、その起こりうる確率は、次の算式のようになります。

$$0.3^4 \times (1-0.3)$$

　また、1打席目にヒットを打たない場合や2打席目にヒットを打たない場合のように、1試合のうち、5打数4安打となる組合せを考えなければなりません。この組合せは全部で5種類（$_5C_4=5$）となるので、5打席4安打となる確率はこの5つの確率の合計となり、

$$5 \times 0.3^4 \times (1-0.3) \quad \text{————①}$$

となります。

　5打席すべてヒットの場合は確率3割の試行を5回繰り返すことになり、その起こりうる確率は、下記の算式のようになります。

$$0.3^5 \quad \text{————②}$$

　以上の計算から、5打数4安打以上となる確率は、下記の式のように計算されます。

　5打数4安打となる確率＋5打数5安打となる確率＝①＋②≒3.1％

　上記の計算より、イチロー選手が1試合に4本以上ヒットを打つ確率は意外に低いような気がします。

　この例を一般化し、イチロー選手の安打の数を確率変数Xとすると、このような確率変数の確率分布は二項分布であると言えます。イチロー選手がn打数k安打となる確率$P(X=k)$は、下記の算式で表されます。ここで、n

は打席数、pはヒットを打つ確率を表します。

$$P(X=k) = {}_nC_k \times p^k \times (1-p)^{(n-k)}$$

　一般的に二項分布は、nとpがわかれば一義的に特定されるのでB(n, p)と表示されます。

　平均打率を3割とした場合、30打席のうち、安打になる数Xとその確率をプロットすると図29のグラフのようになります。

　nの数を増やして、30、50、100、200打席の場合に安打になる数Xとその確率をプロットすると図30のグラフのようになります。

　n回コイントスしてk回表の出る回数や、サイコロをn回振って1がk回出る回数のような離散的確率変数の分布は、二項分布に従い、前記のような分布のグラフになります。

　二項分布に従う確率変数の平均は、特定の事象が起こる確率pの試行をn回繰り返すことになるので、npとなります。イチロー選手の例の場合、図30より、平均は確率0.3にそれぞれの打席数を掛けた値となり、平均値で釣鐘形のグラフが頂点となっていることがわかります。

　また、二項分布に従う確率変数の分散はnp(1−p)となります。その証明は省略します。

　二項分布の平均と分散は、これから解説する正規分布を理解するうえで重要ですので、下記の関係式は覚えておいてください。

　　　二項分布の平均（μ）= E(X) = np
　　　二項分布の分散（σ^2）= Var(X) = np(1−p)

　　　n：試行回数
　　　p：事象の起こる確率

　二項分布はnの数字が大きくなると、${}_nC_k$の数値が非常に大きくなり、計算が非常に難しくなってくるので、取り扱いにくくなってきます。その問題

第3章　統計解析

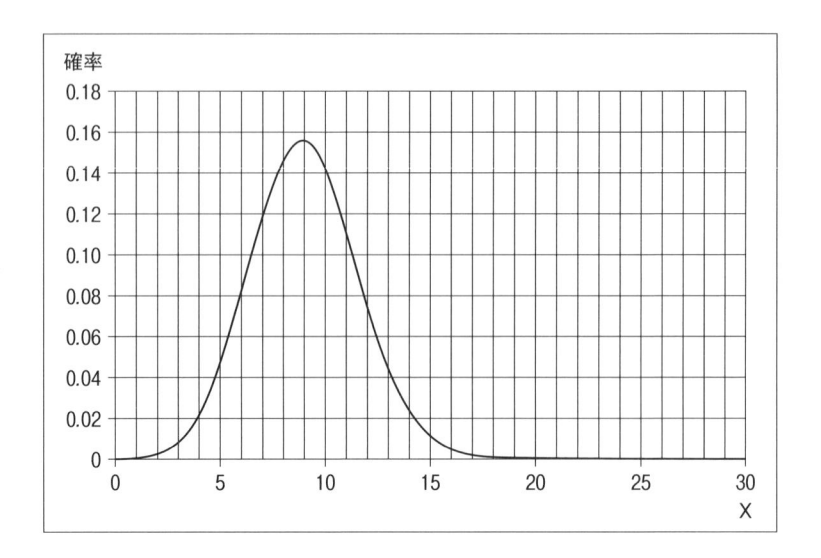

図29　二項分布の例（n=30, p=0.3）

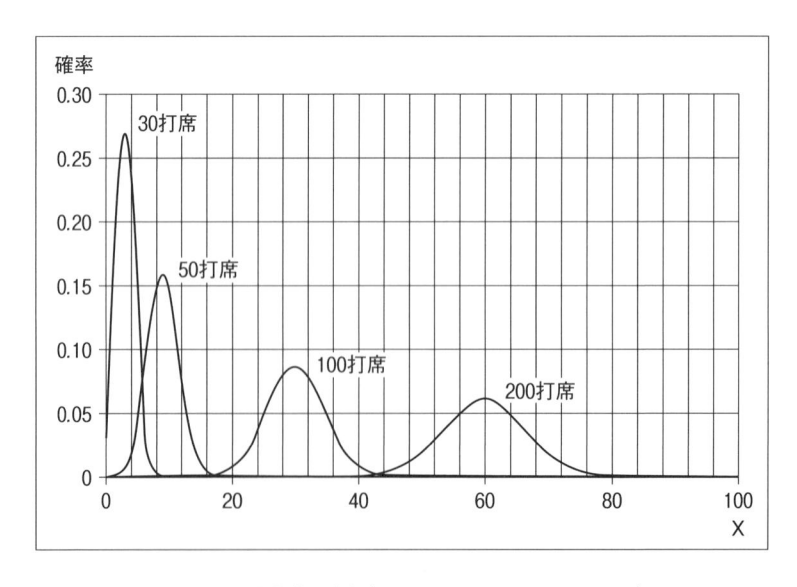

図30　二項分布の例（n=30, 50, 100, 200; p=0.3）

1 データ集団のリアル（統計データ）とバーチャル（確率変数）の世界

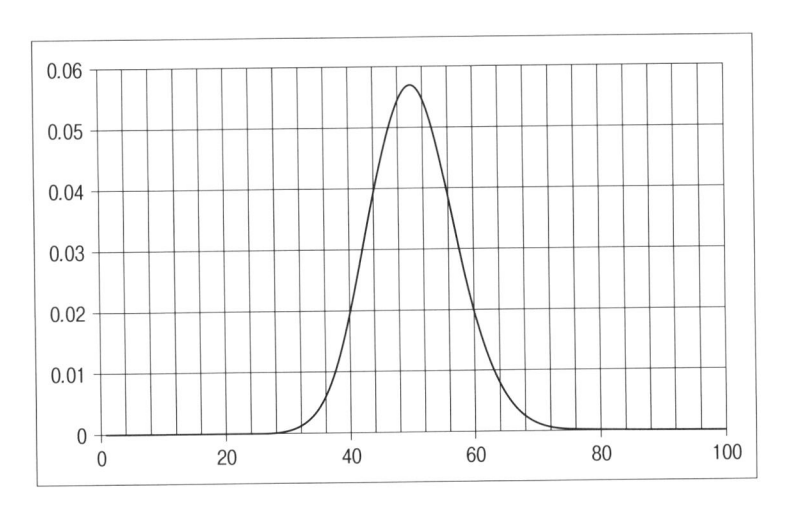

図31　ポアソン分布の例（μ=50）

を解決するのがポアソン分布とよばれる確率分布です。

　二項分布のnの数を無限大の大きい数字にし、確率pを無限小の小さい数字にした場合、二項分布の確率密度関数$f(x)$は下記の算式のようになります。

$$f(x) = \lim_{n \to \infty,\ p \to 0} {}_nC_x \times p^x \times (1-p)^{(n-x)} = \frac{\mu^x \cdot e^{-\mu}}{x!}$$

　ここで、μ=npとしたとき、上記の確率を持つ関数をポアソン分布とよびます。

　この分布はnが無限大に大きく、平均μが一定の値であるため、確率pは無限小の小さな数値となります。したがってサンプル数が非常に多く、事象が起こる確率が非常に小さい場合の確率変数の分布はポアソン分布を使って統計分析が可能となります。上記の定義式より、ポアソン分布においては事象の起こる確率は問題とせず、確率変数の平均だけが問題となるので、これは非常に便利な特性といえます。自然現象や社会現象はデータの数が非常に大きく、めったに起こらない現象が数多くあり、ポアソン分布を利用してそれらの現象を統計分析することができます。たとえば交通事故の死亡者数

第3章　統計解析

や、生産ライン上の不良品の数の分析等に利用されています。

$$\text{二項分布} \xrightarrow{\text{nが大、pが小}} \text{ポアソン分布}$$

平均を50とした場合のポアソン分布は図31のようになります。

② 連続的確率変数の分布

②-1 左右対称形の分布の代表である正規分布

　左右対称にデータの確率密度が分布するベル型の形状を持った代表的な分布に正規分布があります。正規分布に従うまたは正規分布に近い形状の分布をもったデータには、人の身長、測定誤差等がありますが、厳密には正規分布に従う分布を持ったデータはそれほど多くないとも言われています。しかし、統計分析が容易に行え、近似とみなしても大きな不都合は生じないと考えられているので、金融商品取引の分析においても、価格やリターンが正規分布に従うと仮定して行います。正規分布の概念と応用は証券分析に大変役立つため、詳しく解説します。

　数学的には正規分布は下記の算式で定義されます。この算式は覚える必要はありませんが、この式の意味を考えてみましょう。

$$f(x) = \frac{1}{\sqrt{2\pi\sigma^2}} \exp^{-\frac{(x-\mu)^2}{2\sigma^2}} \quad\text{———①}$$

x は確率変数で $f(x)$ は確率密度関数です。
π は円周率で3.14159……
exp は自然対数の底とよばれる数で2.71828……
μ は確率変数 x の期待値で定数
σ は確率変数 x の標準偏差で定数

　確率密度関数 $f(x)$ は、μ と σ が共に決まれば x 以外はすべて定数からなる関数となるので、確率変数 x が決まると確率密度関数 $f(x)$ も決まることになります。

　この関係は重要です。一般的に、正規分布に従うデータは平均と標準偏差

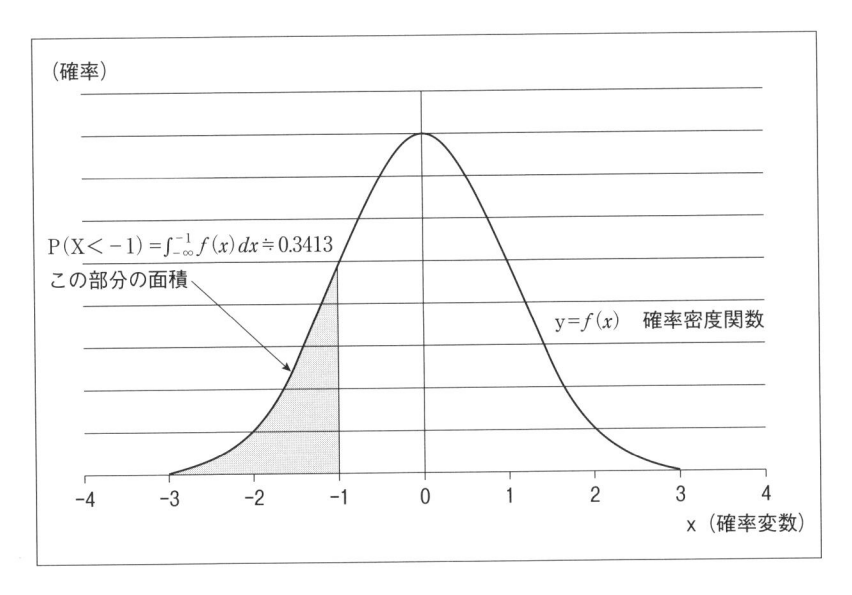

1 データ集団のリアル（統計データ）とバーチャル（確率変数）の世界

図32 正規分布（$\mu=0$, $\sigma=1$）

（または分散）が与えられれば、一義的に決まる確率分布を持っています。

また確率密度関数の合計は1となるので、以下の算式が成り立ちます。

$$\int_{-\infty}^{\infty} f(x)\,dx = 1$$

話を簡単にするため、μを0、σを1とし、式①にそれぞれの値を代入して確率密度関数$f(x)$を書き換えると、$f(x)$は下記のようになります。

$$f(x) = \frac{1}{\sqrt{2}} \exp^{-\frac{x^2}{2}} \quad\text{②}$$

②の確率密度関数$f(x)$をグラフにすると図32のようになります。

確率密度変数の分布は上記のグラフから、平均（上記の例では0）を中心に左右対称形をしています。確率変数xが-1（$=-1\sigma$）以下になる確率はx軸と確率密度関数$f(x)$に囲まれた図の網掛け部分の面積となり、約0.3413となります。

第3章　統計解析

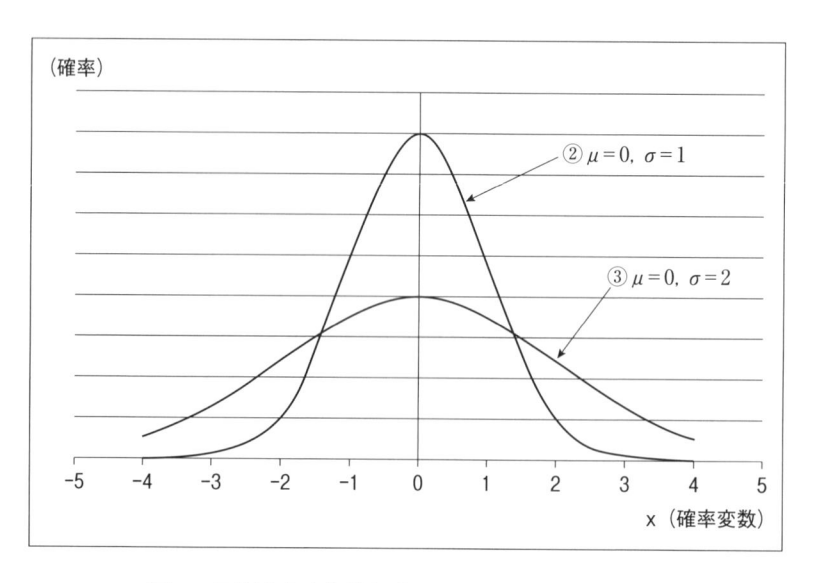

図33　正規分布と標準偏差の関係（$\mu=0$; $\sigma=1, 2$）

μは変えずに0のまま、σを倍にして2とすると$f(x)$は下記のようになります。

$$f(x) = \frac{1}{2\sqrt{2\pi}} \exp^{-\frac{x^2}{8}} \quad\quad ③$$

②と③の確率密度関数をグラフにして比較すると図32のようになります。
　σが大きくなるということはデータのばらつきの度合いが大きくなるということなので、グラフ③のように平均を中心にして左右により広がる形になります。また、確率密度関数とx軸で囲まれた面積は常に1なので、グラフ③のようにσが大きくなると、平均値近辺での高さが低くなります。
　次にσは一定でμが変化する場合の分布の様子を考えてみましょう。
　σが一定ということはデータのばらつき度合いが同じということなので、確率分布の姿は変わらないということです。つまり、確率密度関数の形状は同じでμの変化分だけ左右にグラフが移動するだけです。
　σを1、μを1として式①に代入すると確率密度関数$f(x)$は次のように

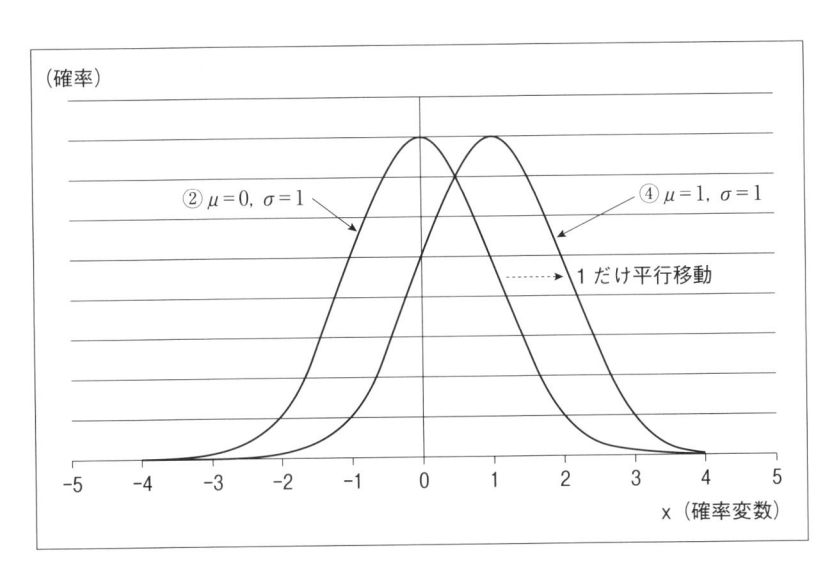

1 データ集団のリアル（統計データ）とバーチャル（確率変数）の世界

図34 正規分布と平均の関係（$\mu=0, 1 ; \sigma=1,$）

なります。

$$f(x)=\frac{1}{\sqrt{2\pi}}\exp^{-\frac{(x-1)^2}{2}} \qquad ④$$

②と④のグラフを同時にプロットすると図34のようになります。

正規分布は前述のようにμとσが決まれば、確率密度関数の分布の様子が一義的に決まるので、正規分布は下記のように表記されることがあります。

正規分布： $N(\mu, \sigma^2)$
　μ＝平均
　σ＝標準偏差

　i）正規分布の確率的特性

正規分布に従う確率変数が、特定のレンジに収まる確率を求める場合、確率分布表から求めることができます。確率分布表がなくても、確率変数が$\mu\pm1\sigma$または$\mu\pm2\sigma$の範囲に値が収まる確率は広く用いられているので記憶

93

第3章 統計解析

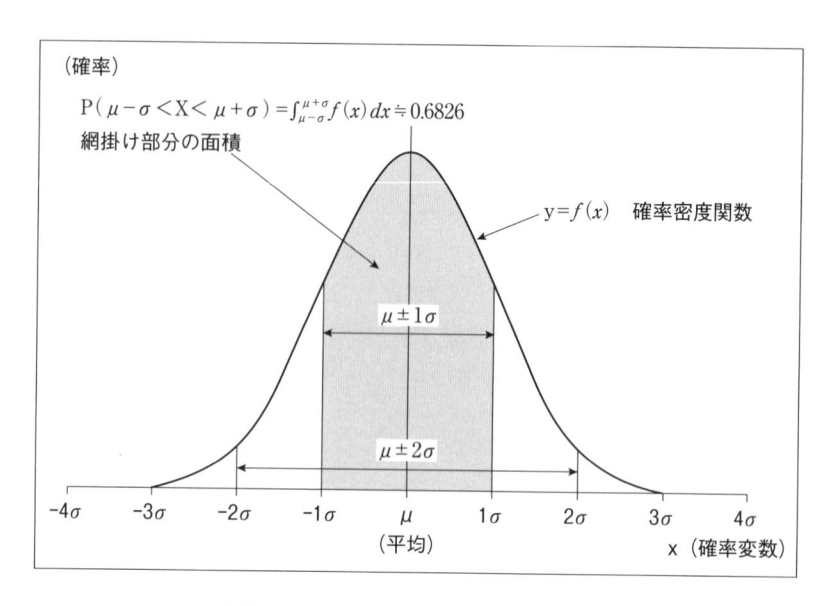

図35 正規分布と μ と σ と確率の関係

しておくと便利です。正規分布に従う確率変数の確率で、特によく使われる μ と σ と確率の関係を下記に記します。

① 平均から ±σ に変数が収まる確率 ≒ 0.6826 ≒ 68%
  $[P(\mu - \sigma < X < \mu + \sigma) = \int_{\mu-\sigma}^{\mu+\sigma} f(x)dx]$
② 平均から ±2σ に変数が収まる確率 ≒ 0.9544 ≒ 95%
  $[P(\mu - 2\sigma < X < \mu + 2\sigma) = \int_{\mu-2\sigma}^{\mu+2\sigma} f(x)dx]$
③ 平均から ±3σ に変数が収まる確率 ≒ 0.9973 ≒ 99.7%
  $[P(\mu - 3\sigma < X < \mu + 3\sigma) = \int_{\mu-3\sigma}^{\mu+3\sigma} f(x)dx]$

正規分布のグラフは平均（μ）を挟んで左右対称形なので、上記①の関係式から確率変数が μ±1σ の間からはずれる確率は約32%（100% − 68%）となり、さらに確率変数が μ+1σ 以上となる確率または μ−1σ 以下となる確率は、それぞれ約16%（32% ÷ 2）となります。

同様に、確率変数が μ±2σ の間からはずれる確率は約5%（100% − 95%）となり、さらに確率変数が μ+2σ 以上となる確率または μ−2σ 以下

1 データ集団のリアル（統計データ）とバーチャル（確率変数）の世界

となる確率はそれぞれ約2.5％（5％÷2）となります。
　人の身長は正規分布に近い分布をしていると言われていますが、その真偽のほどを2014サッカーW杯に参加した選手全員の身長の分布を調べて確かめてみましょう。感覚的に考えると、人種差や一般人からかけ離れた能力を持った人の集団では、身長の偏りがあるように思えるので正規分布に従っていないような気がしますが、さて、結果はどうでしょうか。
　選手の総数は736人でその平均身長 μ は181.10cm、標準偏差 σ は6.80cmでした。これらの統計値より $\mu\pm\sigma$ および $\mu\pm2\sigma$ の身長の値は下記のような計算結果になりました。

表24　2014サッカーW杯出場選手の統計量(1)

	$\mu-2\sigma$	$\mu-1\sigma$	$\mu+1\sigma$	$\mu+2\sigma$
身長（cm）	167.50	174.30	187.91	194.71

μ =181.10cm
σ =6.80cm

　もしこれらの選手の身長の分布が正規分布に近い分布をすると仮定すると、$\mu\pm\sigma$ の範囲に入っている選手の比率は約68％で、$\mu\pm2\sigma$ の範囲に入っている選手の比率は約95％に近い数値となるはずですが、実際の身長と比較してみると下記のようになりました。

表25　2014サッカーW杯出場選手の統計量(2)

	$\mu-1\sigma$ 以下	$\mu\pm1\sigma$ の範囲	$\mu+1\sigma$ 以上
身長	174cm以下	175cm〜187cm	188cm以上
人数	107	518	111
実際の比率（％）	14.5％	70.4％	15.1％
正規分布上の比率	（約16％）	（約68％）	（約16％）

	$\mu-2\sigma$ 以下	$\mu\pm2\sigma$ の範囲	$\mu+2\sigma$ 以上
身長	167cm以下	168cm〜194cm	195cm以上
人数	21	699	16
実際の比率（％）	2.9％	95.0％	2.2％
正規分布上の比率	（約2.5％）	（約95％）	（約2.5％）

上記の結果から、思っていたのとは裏腹に、全世界のワールドカップ出場選手の身長の分布は、正規分布の確率分布に非常に近い数値となりました。

次に確率変数の例として、1年後の日経平均株価を考えてみます。今、日経平均株価が20,000円だと仮定し、1年後の日経平均株価のリターン（株価収益率）を確率変数として、その確率変数の確率分布は正規分布に従うと仮定します。ちなみに株式リターン（株価収益率）は概ね正規分布に従うと言われているので、1年後の期待リターンμを2％、リターンの標準偏差σを15％と仮定して1年後の日経平均株価の予想値の分布を考えてみます。

$\mu \pm \sigma$および$\mu \pm 2\sigma$のリターンとそれに対応する日経平均株価の変動額は次の表のように計算されます。

表26　日経平均株価の予想値とμ、σの関係

	$\mu-2\sigma$	$\mu-\sigma$	μ	$\mu+\sigma$	$\mu+2\sigma$
リターン（％）（確率変数）	−28.00％	−13.00％	2％	17.00％	32.00％
変動額（円）	−5,600	−2,600	400	3,400	6,400
予想日経平均株価（円）	14,400	17,400	20,400	23,400	26,400

現在の日経平均株価：20,000円

この表より、1年後に日経平均株価が17,400〜23,400円となる確率は約68％、また、14,400〜26,400円となる確率は約95％ということになり、図36のグラフのような分布状況が予想されます。

上記の日経平均株価のリターンを確率変数とした場合、その分布は

正規分布　$N(2％, (15％)^2)$

　$\mu = $平均$ = 2％$

　$\sigma = $標準偏差$ = 15％$

と表すことができます。

また、日経平均株価を確率変数とした場合、その分布は

正規分布　$N(20,400円, (3,000円)^2)$

　$\mu = $平均$ = 20,400円$

　$\sigma = $標準偏差$ = 3,000円$

と表すこともできます。

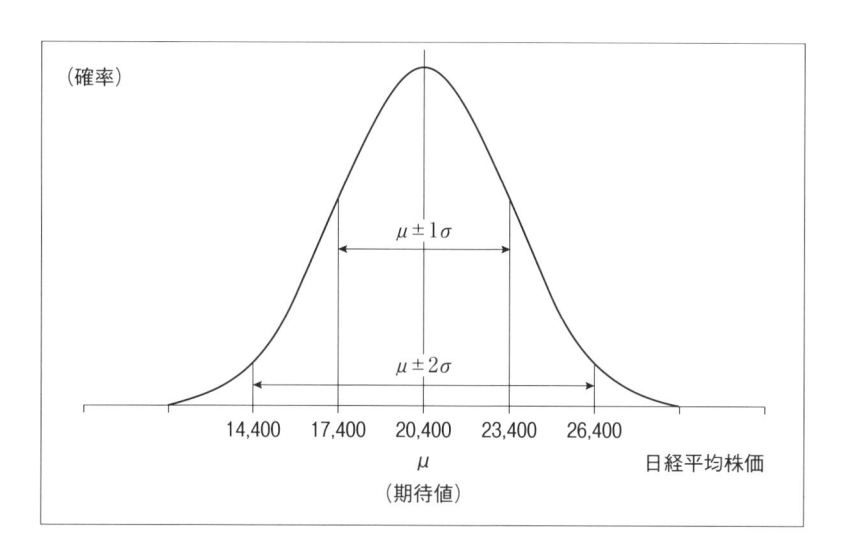

1　データ集団のリアル（統計データ）とバーチャル（確率変数）の世界

図36　1年後の予想日経平均株価の確率密度分布

上記の条件の元で日経平均株価が17,000円〜24,000円になる確率を考えてみましょう。

① 確率分布のグラフ上で平均より左側の確率の求め方：
　σに対する相対的な位置は、下記のように計算されます。
　　　　17,000 − 20,400 = − 3,400
　　　　− 3,400 ÷ 3,000 ≒ − 1.133
② 同様に、平均より右側の確率の求め方：
　σに対する相対的な位置は、下記のように計算されます。
　　　　24,000 − 20,400 = 3,600
　　　　3,600 ÷ 3,000 = 1.20
上記の計算より、図37の網掛け部分の面積に相当する確率を求めればいいということになります。この問題は巻末の練習問題で取り上げています。

　ⅱ）　正規分布の標準化

上記の日経平均株価の例では、確率変数の特定の値が、平均からその標準偏差に対して何倍乖離しているかを求めました。このような操作を行うこと

第3章　統計解析

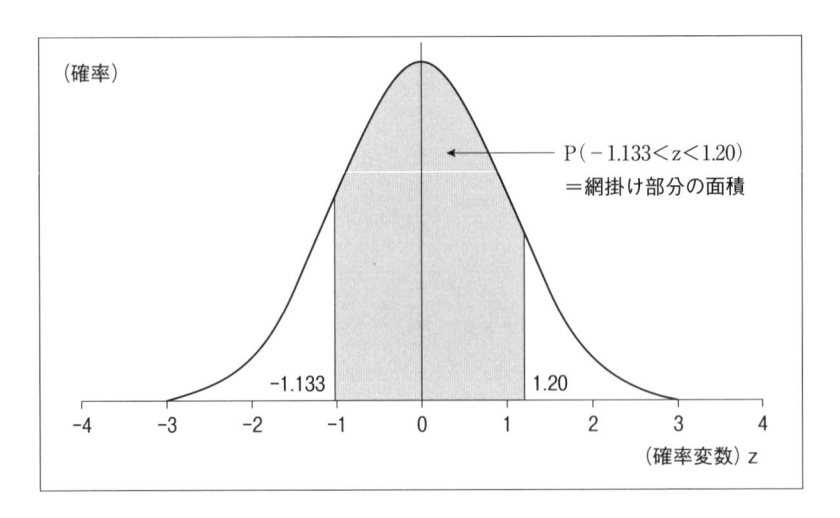

図37　予想日経平均株価を変換した関数の確率密度分布

を正規分布の標準化といい、標準正規分布表という表を使って確率を求めることができます。標準正規分布は統計分析に非常に役立つ分布ですので、使い方をしっかり習得できるよう努めてください。

元の確率変数Xを、上述したような操作により変換された確率変数は、通常Zと表示されます。

一般的に、任意の正規分布$N(\mu, \sigma^2)$に従う確率変数Xを下記の式のような確率変数Zに置き換えることで、標準正規分布$N(0, 1)$に従う確率変数を求めることができます。この操作により標準正規分布表を使って正規分布に従う任意の確率変数に対して確率を求めることができます。

$$z = \frac{x - \mu}{\sigma}$$

正規分布　$N(\mu, \sigma^2)$　　　　　　　正規分布　$N(0, 1)$
（確率変数をXとする）　　　　　　　（確率変数をZとする）

正規分布の標準化の手順
　①　平均μを0に移動させるために確率変数Xからμの値を引算します。
　②　①で得られた値をσで割る

1　データ集団のリアル（統計データ）とバーチャル（確率変数）の世界

確率変数Xと確率変数Zは以下の関係が成立します。

$$P(a<X<b) = P(a-\mu<X-\mu<b-\mu)$$
$$= P(\frac{a-\mu}{\sigma} < \frac{x-\mu}{\sigma} < \frac{b-\mu}{\sigma})$$
$$= P(\frac{a-\mu}{\sigma} < z < \frac{b-\mu}{\sigma})$$

ここで確率変数Zの平均および標準偏差を、算術的に検証してみることにしましょう。

$$E(Z) = E(\frac{x-\mu}{\sigma}) = \frac{1}{\sigma}E(X-\mu) = 0$$

　　　　　　　　　　　　↑
　　　　　　　　　偏差の平均
　　　　　　　　　は0となる

$$Var(Z) = Var(\frac{x-\mu}{\sigma}) = Var(\frac{x}{\sigma} - \frac{\mu}{\sigma}) = \frac{1}{\sigma^2}Var(X) = \frac{1}{\sigma^2} \cdot \sigma^2 = 1$$
$$\therefore \sigma(z) = 1$$

なお上記の計算をする際、以下の関係式を参照してください。

　　　X：　確率変数　（a, bは定数）
　　　　　①$E(aX+b) = aE(X) + b$
　　　　　②$Var(aX+b) = a^2 Var(X)$

ⅲ）　標準正規分布表の使い方

確率変数Zが$\mu+\sigma$や$\mu-2\sigma$といった、平均からσの整数倍に相当する位置での確率は比較的よく知られていますが、$\mu+1.5\sigma$や$\mu-2.3\sigma$というような、σの整数倍ではない確率変数の位置に相当する確率が要求されることがあります。そのような場合に確率を求める際、拠り所となるのが標準正規分布表と呼ばれる表27に掲げるような数表です。この数表は、平均が0、標準偏差が1の確率分布N（0，1）において、確率変数zが特定の正の値以下に収まる確率を示しています。図37の例ではzの値が0.21の場合に確率

第3章 統計解析

表27 標準正規分布表の例(1)

小数点以下2桁目の数字

z	0.00	0.01	………………	0.09
0.0	0.5000	……………………………………		0.5359
0.1	0.5398			0.5753
0.2	0.5793	0.5832		0.6141
⋮	⋮			
3.4	0.9997			0.9998
3.5	0.9998	……………………………………		0.9998

小数点以下一桁目の数字

P(Z<0.21) = 0.5832
網掛け部分の面積

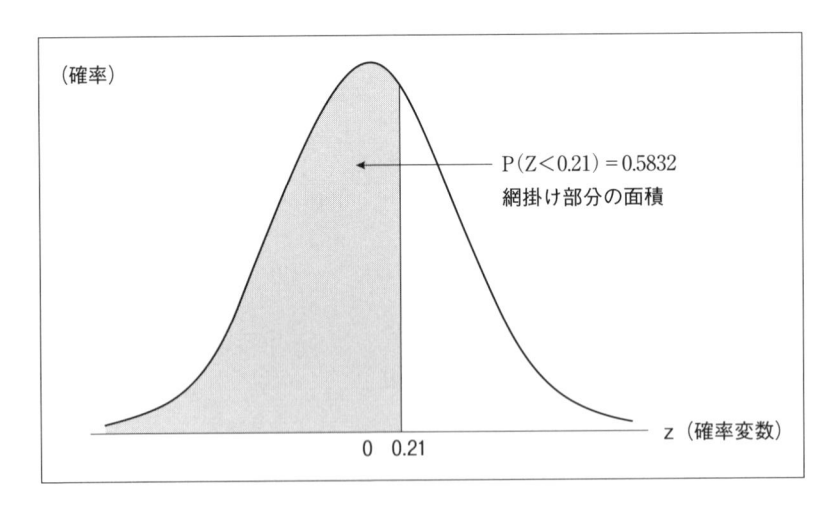

図38 標準正規分布（確率密度分布）

変数 z が0.21σ以下に収まる確率を表しています。まず表27の左端の数値を眺め、小数点以下1桁目の数字の0.2に相当する行を見つけ、次に表の最上段に移動し、小数点以下2桁目の数字の0.01に相当する列を見つけ、その行と列が交差する値0.5832を見つけ出します。その0.5832の値が確率分布のグラフ（図38）の網掛け部分の面積になり、数学的には下記のように表示されます。

100

1 データ集団のリアル（統計データ）とバーチャル（確率変数）の世界

表28　標準正規分布表の例(2)

小数点以下２桁目の数字

z	0.00	0.01	…………	0.09
0.0	0.0000	…………………………………		0.0359
0.1	0.0398			0.0753
0.2	0.0793	0.0832		0.1141
⋮				⋮
3.4	0.4997			0.4998
3.5	0.4998	…………………………………		0.4998

（左側の縦軸：小数点以下一桁目の数字）

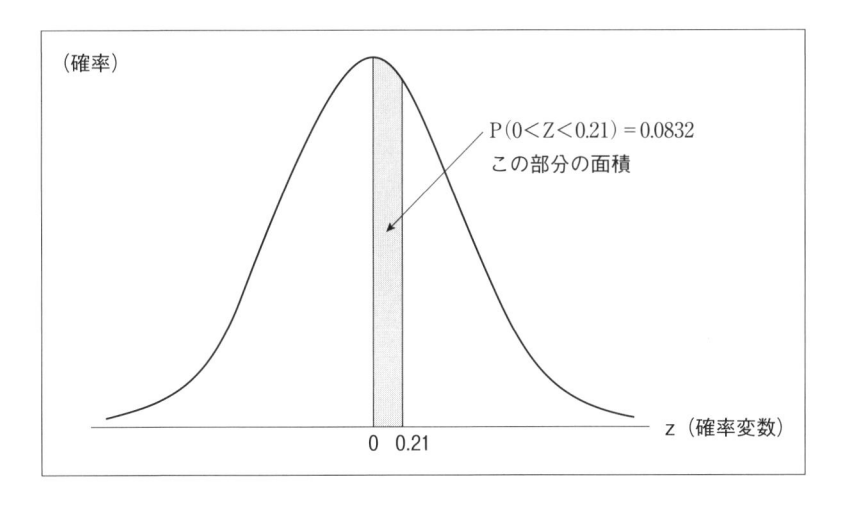

図中：
(確率)
P(0＜Z＜0.21) = 0.0832
この部分の面積
0　0.21
z（確率変数）

図39　標準正規分布（確率密度分布）

$$P(Z \leq 0.21) = \int_{-\infty}^{0.21} f(z)\,dz = 0.5832$$
（0.21σ以下に変数 z が収まる確率）

正規分布の確率分布は左右対称形なので、標準正規分布表は表27のように z が −∞ から特定の正の値に収まる確率を示すかわりに、0 から特定の正の

値に収まる確率のみを表にする場合もあります（表28参照）。この場合の標準正規分布表は確率変数 z が 0 から特定の値に収まる確率を表しているので、確率の数値は 0 ～ 0.5 までとなっています。

図38と39と比べれば、違いがよくわかると思います。

　iv)　正規分布の加法性

　正規分布に従う複数の確率変数を組合せた新しい確率変数の確率分布を考えてみましょう。話を簡単にするために、2つの正規分布に従う確率変数を均等に組み合わせた新しい確率変数を考えます。この新しい確率変数とは、技術的には、それぞれの確率変数の集団からランダムに1つずつ構成要素を取り出し、それぞれを1つの袋に入れ、その袋の中にある新しい集団の確率変数のことを指します。単純に確率変数を A＋B というような加算によってできる変数とは少し意味が違います。

　重要なことは、正規分布に従う確率変数を組み合わせた新しい確率変数も正規分布に従う性質があるということです。このような、正規分布に従う複数の確率変数の和が正規分布に従うという性質を、正規分布の加法性といい、ポートフォリオ分析等を行う場合に役に立つ特性です。

　正規分布の加法性を検証するため、コーヒーの例で考えてみましょう。

　カフェラテ（コーヒーに牛乳を混ぜたもの）を作るコーヒーメーカーを考えてみます。このコーヒーメーカーは、カフェラテを作るのに、まずコーヒ

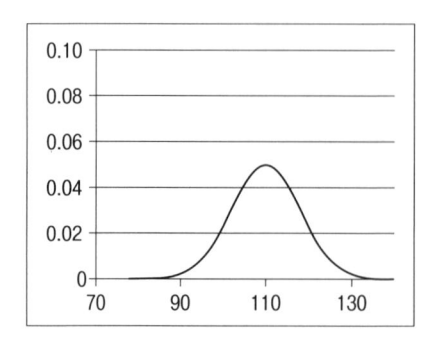

　　図40-1　コーヒーの重量分布　　　　図40-2　牛乳の重量分布

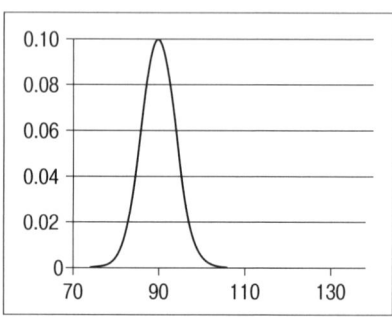

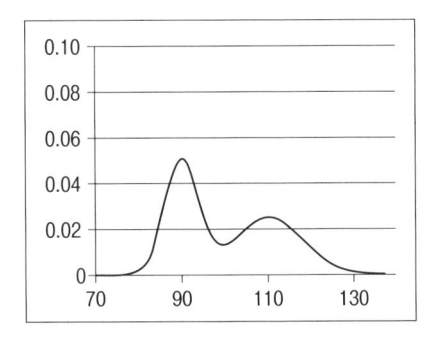

1 データ集団のリアル（統計データ）とバーチャル（確率変数）の世界

図40-3 コーヒーと牛乳の重量の合併分布

ーを淹れて、その後コーヒーにスチーム状の牛乳を加えて作ります。カフェラテ1杯を作るのに、コーヒー平均110gと牛乳平均90gを使うと仮定します。コーヒーの使用量は標準偏差8gの正規分布に従うとします。また、牛乳の使用量は標準偏差4gの正規分布に従うとします。この2つの変数の正規分布のグラフは図40-1と40-2のようになります。

コーヒーの重量分布と牛乳の重量分布をそのまま単純に足し算した分布（これを合併分布という）は図40-3のようになります。

単純に考えて、カフェラテ1杯の重量はコーヒーを平均的に110gと牛乳を平均的に90g加えているので平均的に200gとなるはずで、図40-3のグラフの重量分布はまったく意味をなしていません。カフェラテ1杯の重量分布

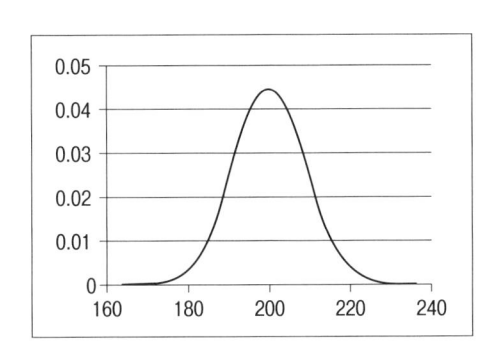

図41 カフェラテの重量分布

は、図41のグラフのようになるはずです。

この、正規分布の加法性という性質はポートフォリオ分析において非常に役に立つ性質です。つまり個々の証券のリターンの確率変数が正規分布に従う場合、これらの証券からなるポートフォリオのリターンも正規分布に従うということが導き出され、ポートフォリオのリスクとリターンの分析をするのに非常に役に立ちます。

一般的に、XとYが独立な場合、

確率変数Xの確率分布を、正規分布$N(\mu_1, \sigma_1^2)$
確率変数Yの確率分布を、正規分布$N(\mu_2, \sigma_2^2)$
とすると、
確率変数$aX+bY$の確率分布も、正規分布$N(a\mu_1+b\mu_2, a^2\sigma_1^2+b^2\sigma_2^2)$
に従うことになります。
特にXとYを1対1で組み合わせる場合、aとbが共に1となるので、確率変数$X+Y$の確率分布は下記のようになります。
正規分布$N(\mu_1+\mu_2, \sigma_1^2+\sigma_2^2)$

カフェラテの重量分布は平均200g（コーヒーの重量平均110g＋牛乳の重量平均90g）、標準偏差8.94g（コーヒーの重量の標準偏差8gの2乗に牛乳の重量の標準偏差4gの2乗を加えた値の平方根）を持つ正規分布に従うことが導き出されます。

ちなみに、異なった証券のリターンは、お互い独立でない場合がほとんどなので、異なった証券を組み合わせたポートフォリオのリターンを考える場合、上記の関係式は通常適用できません。これに関しては「確率変数の和と積」(p.111)で詳しく解説します。

②-2　統計処理のために考え出されたt分布
　　正規分布に非常に似た分布の特性を持つ連続的確率変数で、特に標本数が少ない場合（通常30以下）の推定や検定作業を行ううえで役に立つ

1 データ集団のリアル（統計データ）とバーチャル（確率変数）の世界

分布に、ｔ分布（ステューデント分布ともいう）と呼ばれるものがあります。

ｔ分布には自由度という概念が必要です。自由度とは独立に変動することができる変数の個数のことで、変数の個数がｎの時でも、それぞれの変数が独立にｎ通りの値を取りうるとは限りません。分散は偏差の二乗の平均ですが、偏差の総和は常にゼロとなるので、ｎ個のデータがあっても自由度が１だけ少なくなります。不偏分散を算出する際も自由度（n-1）が使われています。通常、標本数から１を引いた値のことを指します。標本のデータを使って回帰分析する際、残差の標準偏差を求める時や、パラメーターの検定を行う時などは、自由度は標本数から１を引き、さらに説明変数の数を引いた値となります。

自由度＝標本数−１　　（通常の場合）
　　　＝標本数−１−ｎ（回帰分析における検定など、ただしｎは説明変数の数）

自由度がｊのｔ分布に従う確率変数Ｘの確率密度関数は複雑な算式で定義されています。その定義式を使って統計分析をすることもないので、この定義式は覚える必要はありません。標本数が少ない場合の推定や検定作業等を行うときは、ｔ分布の確率分布表を使うことになるので、その使い方さえ習得すれば十分といえるでしょう。

ｔ分布を使った推定作業は、推定のところで例を使って解説します。

Column　**偏差値（確率変数の標準化という視点で考える）**

偏差値は学力水準を表す尺度として広く一般的に使われています。偏差値が低ければ学力水準が低く、偏差値が高ければ学力水準も高いということは多くの人が認識されていると思いますが、案外その意味を理解しないで使っている人が多いようです。

偏差値はデータの分布が近似的に正規分布に従う場合、正規分布上の位置を表す尺度で、正規分布を標準化するのと同様の操作で定義されています。

第3章　統計解析

> 平均を50、標準偏差を10となるように標準化する方法なので、偏差値とは以下の定義式に従う変換を行い、その分布は図42のようになります。
>
> $$偏差値（T）= \frac{x-\mu}{\sigma} \times 10 + 50$$
>
> x：得点
> μ：平均点
> σ：標準偏差

　偏差値は学力を計る尺度として頻繁に用いられます。たとえばある学校の学力レベルが偏差値70だとします。
　上記の式より

$$70 = \frac{x-\mu}{\sigma} \times 10 + 50 \quad となり$$

$$\frac{x-\mu}{\sigma} = 20 \div 10 = 2$$

したがって

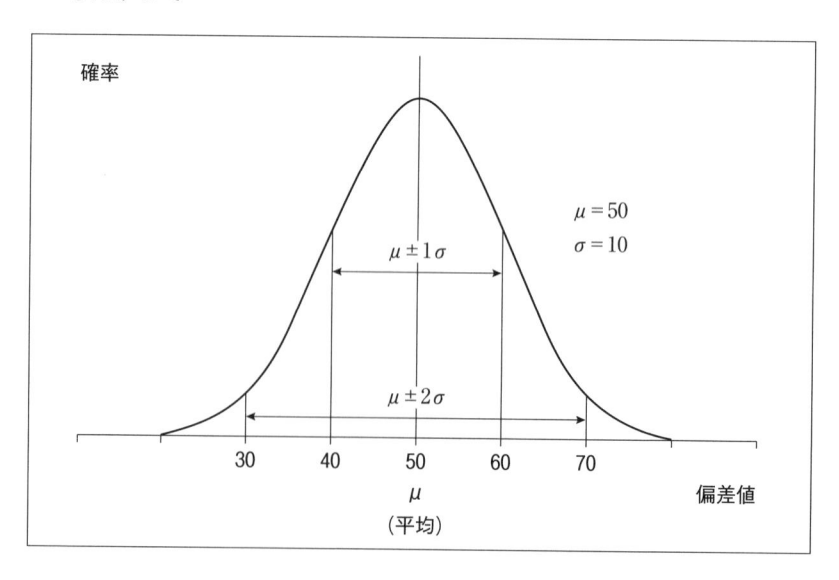

図42　偏差値の確率密度分布

1 データ集団のリアル（統計データ）とバーチャル（確率変数）の世界

x = μ + 2σ

　正規分布に従う確率変数が μ±2σ に収まる確率は約95％なので、この学校の学力レベルはトップ2.5％の中に入っているといえます。

1.2　確率変数の組合せ

「正規分布の加法性」（p.102）では、正規分布に従う２つの独立な確率変数を組み合わせた場合の特性を解説しました。ここでは、確率変数を組み合わせた場合の一般的な特性を解説します。この特性はポートフォリオの分析に必要不可欠ですので、関係式は覚えておくようにしてください。

1.2.1　同時確率変数と周辺確率変数

　箱の中に「当たり」と書いた紙が１枚、白紙の紙が３枚、合計４枚の紙が入っていると仮定します。この箱の中から最初に選んだ紙に書いてある文字をX、この紙を戻さずに次に選んだ紙に書いてある文字をYとします。XとYを組み合わせた（X, Y）という確率変数を考えます（図43参照）。

　この例のように複数の確率変数を組み合わせた確率変数のことを、同時確率変数とよびます。また同時確率変数を構成するXとYを、周辺確率変数といいます。周辺確率変数は同時確率変数を構成する確率変数のことです。これらの概念は、確率変数の独立性とそのことから導かれる確率変数の和と積

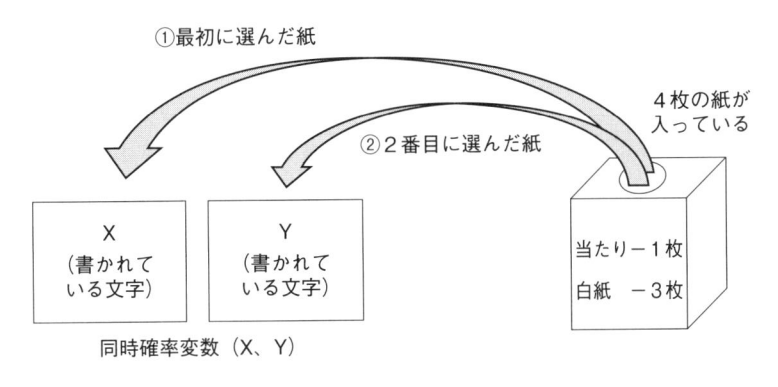

図43　同時確率変数

第3章　統計解析

表29　同時確率分布と周辺確率分布

Xが「当たり」かつ Yが「白紙」となる確率
XとYの同時確率分布
Xが「当たり」となる確率

X \ Y	白紙	当たり	計
当たり	1/4	0	1/4
白紙	1/2	1/4	3/4
計	3/4	1/4	1

Xの周辺確率分布

Yの周辺確率分布

Yが「白紙」となる確率

の期待値および分散を理解するうえで重要となります。

　上記の例では、XとYは「当たり」か「白紙」のいずれかなので、XとYを組み合わせた同時確率変数は下記の4通りの組合せとなります。

1．（X＝当たり、Y＝白紙）となる組合せ
2．（X＝当たり、Y＝当たり）となる組合せ
3．（X＝白紙、Y＝白紙）となる組合せ
4．（X＝白紙、Y＝当たり）となる組合せ

それぞれの組合せが起こる確率を考えてみましょう。

ア．（X＝当たり、Y＝白紙）確率変数Xが当たりとなる確率は1/4です。4枚のうち1枚だけが当たりなのでこのようになります。一方、確率変数Yが白紙となる確率は1です。なぜならXが当たりなら残った紙はすべて白紙となっているので、Yはいつでも白紙となるからです。したがって（X＝当たり、Y＝白紙）となる組合せが起こる確率は1/4になります。

イ．（X＝当たり、Y＝当たり）当たりと書かれた紙は1枚だけなので、XもYも当たりとなることはあり得ません。したがって、（X＝当たり、Y＝当たり）となる組合せが起こる確率はゼロです。

ウ．（X＝白紙、Y＝白紙）確率変数Xが白紙となる確率は3/4です。4

枚のうち3枚が白紙なのでこのようになります。一方確率変数Yが白紙となる確率は2/3です。なぜなら残った3枚の紙のうち2枚が白紙だからです。したがって（X＝白紙、Y＝白紙）となる組合せが起こる確率は3/4掛ける2/3で1/2になります。

エ．（X＝白紙、Y＝当たり）確率変数Xが白紙となる確率は3/4です。一方確率変数Yが当たりとなる確率は1/3です。なぜなら残った3枚の紙のうち1枚だけが当たりだからです。したがって（X＝白紙、Y＝当たり）となる組合せが起こる確率は1/4になります。

　これらの同時確率変数の確率分布は同時確率分布とよばれ、表29の「当たり　白紙」の確率が表示されているマスの中に表示された確率分布をしています。また、この表の右端の「計」の列に表示された確率分布をXの周辺確率分布といい周辺確率変数Xの確率分布を表しています。さらに、この表の最下段の「計」の行に表示された確率分布をYの周辺確率分布といい、周辺確率変数Yの確率分布を表しています。

① 同時確率変数の期待値と分散

　同時確率変数（X，Y）を$f(X, Y)$という関数の形で表示した場合、その期待値と分散は、1種類の確率変数に対する期待値と分散を定義したときと同じように下記の算式で定義されます。

同時確率変数（X，Y）の期待値：
　　$E(f(X, Y)) = \Sigma_i \Sigma_j f(x_i, y_j) \cdot P(X = x_i, Y = y_j) = \mu_{x, y}$
同時確率変数（X，Y）の分散：
　　$Var(f(X, Y)) = E[\{f(X, Y) - \mu_{x, y}\}^2] = E(f(X, Y)^2) - \mu_{x, y}^2$

② 確率変数の独立性

　確率変数Xと確率変数Yが独立しているとは、Xが取る値とYが取る値は互いに影響されないで独自に決まるという性質です。たとえばサイコロを2回振る試行を考えます。Xを1回目に出た目の値とし、Yを2

回目に出た目の値とします。サイコロを振ったときに出る目の数は偶然に支配されているので、Xが取る値とYが取る値は互いに影響されないで独自に決まるというのは明白です。このような場合、確率変数Xと確率変数Yは独立しているといいます。

この例を使って、確率変数Xと確率変数Yが独立しているということを数学的に定義すると以下のようなります。

$$P(X = x_i, Y = y_i) = P(X = x_i, Y \neq y_i)$$ ── Xがx_iとなる確率はYの値にかかわらず一定。

かつ

$$P(X = x_i, Y = y_i) = P(X \neq x_i, Y = y_i)$$ ── Yがy_iとなる確率はXの値にかかわらず一定。

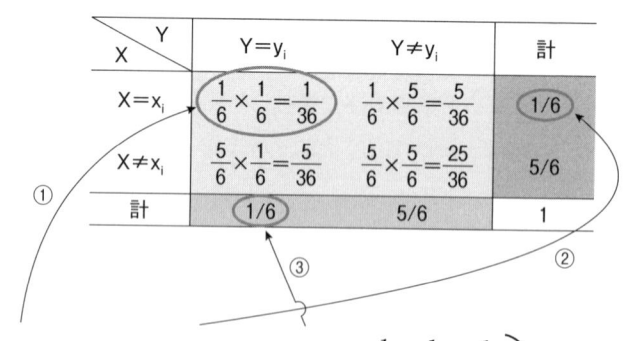

このとき、同時確率変数（X, Y）は表30のような確率分布をしています。

表30 同時確率変数（X, Y）の確率分布表

X \ Y	$Y = y_i$	$Y \neq y_i$	計
$X = x_i$	$\frac{1}{6} \times \frac{1}{6} = \frac{1}{36}$	$\frac{1}{6} \times \frac{5}{6} = \frac{5}{36}$	1/6
$X \neq x_i$	$\frac{5}{6} \times \frac{1}{6} = \frac{5}{36}$	$\frac{5}{6} \times \frac{5}{6} = \frac{25}{36}$	5/6
計	1/6	5/6	1

$$\underbrace{P(X = x_i, Y = y_i)}_{①} = \underbrace{P(X = x_i)}_{②} \underbrace{P(Y = y_i)}_{③} = \frac{1}{6} \times \frac{1}{6} = \frac{1}{36}$$

$$P(X = x_i, Y \neq y_i) = P(X = x_i) \; P(Y \neq y_i) = \frac{1}{6} \times \frac{5}{6} = \frac{5}{36}$$

$$P(X \neq x_i, Y = y_i) = P(X \neq x_i) \; P(Y = y_i) = \frac{5}{6} \times \frac{1}{6} = \frac{5}{36}$$

$$P(X \neq x_i, Y \neq y_i) = P(X \neq x_i) \; P(Y \neq y_i) = \frac{5}{6} \times \frac{5}{6} = \frac{25}{36}$$

同時確率分布は周辺分布の積になっている

1 データ集団のリアル（統計データ）とバーチャル（確率変数）の世界

確率分布表から、次のようなことが導き出されます。

　ＸとＹが同時に特定の値（x_1, y_1）となる確率が、Ｘが単独でその特定の値x_1となる確率とＹが単独でその特定の値y_1となる確率の積になっている場合、確率変数Ｘと確率変数Ｙは独立であるといいます。
　一般的に、独立とは同時確率変数（Ｘ，Ｙ）の確率分布が、周辺確率変数ＸとＹの確率分布の積になっているときのｘとｙの関係をいい、下記の算式が成立します。
　　ア．離散的確率変数の場合
　　　　$P(X = x_i,\ Y = y_j) = P(X = x_i) \times P(Y = y_j)$
　　イ．連続的確率変数の場合
　　　　$f(x,\ y) = f(x) \times f(y)$
　　　　ただし$f(x,\ y)$は同時確率分布で、$f(x)$及び$f(y)$は周辺分布とする。

③　確率変数の和と積
　確率変数Ｘと確率変数Ｙが独立なとき、ＸとＹの和と積の統計量は以下の関係にあります。

表31　同時確率変数（Ｘ，Ｙ）の確率分布表

X＼Y	Y=y1	Y=y2	…	Y=yj	…	計
X=x1	p11	p12	…	p1j	…	$\sum_j p_{1j}$
X=x2	p21	p22	…	p2j	…	$\sum_j p_{2j}$
⋮						
X=xi	pi1	pi2	…	pij	…	$\sum_j p_{ij}$
⋮	⋮	⋮	⋮	⋮		
計	$\sum_i p_{i1}$	$\sum_i p_{i2}$		$\sum_i p_{ij}$		1

a．XとYが独立な場合
1．$E(aX+bY) = aE(X) + bE(Y)$
2．$Var(aX+bY) = a^2Var(X) + b^2Var(Y)$
3．$E(XY) = E(X)E(Y)$
4．$Var(XY) = E(XY^2) - E(X)^2 E(Y)^2$

　確率変数Xと確率変数Yが独立でない場合は、XとYの和に関しては以下の関係があり、これらの関係式はポートフォリオの分析等に不可欠な公式なので覚えておきましょう。

b．XとYが独立でない場合
1．$E(aX+bY) = aE(X) + bE(Y)$
2．$E(aX+bY+cZ) = aE(X) + bE(Y) + cE(Z)$
3．$Var(aX+bY) = a^2Var(X) + 2abCov(X, Y) + b^2Var(Y)$
4．$Var(aX+bY+cZ) = a^2Var(X) + b^2Var(Y) + c^2Var(Z)$
　　　　　　　　　　$+ 2abCov(X, Y)$
　　　　　　　　　　$+ 2acCov(X, Z)$
　　　　　　　　　　$+ 2bcCov(Y, Z)$

証明
以下の証明はスキップしても差し支えありません。
同時確率変数（X, Y）の任意のx_i、y_jに対応した確率をp_{ij}とすると、同時確率変数（X, Y）の確率分布は表31のようになります。
表31より、周辺確率変数Xの期待値は下記のようになります。

1　データ集団のリアル（統計データ）とバーチャル（確率変数）の世界

$$E(X) = x_1 \sum_j p_{1j} + x_2 \sum_j p_{2j} + \cdots\cdots + x_i \sum_j p_{ij} = \sum_i x_i (\sum_j p_{ij})$$

同様に、周辺確率変数Yの期待値は下記のようになります。

$$E(Y) = y_1 \sum_i p_{i1} + y_2 \sum_i p_{i2} + \cdots\cdots + y_j \sum_i p_{ij} = \sum_j y_j (\sum_i p_{ij})$$

1．$E(aX+bY) = \sum_i \sum_j (ax_i + by_j) p_{ij}$
$\qquad\qquad\quad = \sum_i \sum_j a\, x_i\, p_{ij} + \sum_i \sum_j b\, y_j\, p_{ij}$
$\qquad\qquad\quad = a\, \overline{\sum_i x_i (\sum_j p_{ij})} + b\, \overline{\sum_j y_j (\sum_i p_{ij})}$

$\qquad\qquad\quad = aE(X) + bE(Y)$

この公式はXとYの独立性とは無関係で成り立ちます。

2．$Var(aX+bY) = E[((aX+bY) - E(aX+bY))^2]$
$\qquad\qquad\qquad = E[((aX+bY) - (aE(X)+bE(Y)))^2]$
$\qquad\qquad\qquad = E[(a\underline{(X-E(X))} + b\underline{(Y-E(Y))})^2]$
$\qquad\qquad\qquad\qquad\quad\; \text{Xの偏差}\qquad\;\; \text{Yの偏差}$

上記の式をすっきりさせるために、XとYの偏差をそれぞれ$\overline{X}$および$\overline{Y}$に置き換え、つまり$X - E(X) = \overline{X}$、$Y - E(Y) = \overline{Y}$と置き換えて上記の式を書き換えると以下のようになります。

$$Var(aX+bY) = E[(a\overline{X} + b\overline{Y})^2]$$
$$= E[a^2\overline{X}^2 + 2ab\overline{XY} + b^2\overline{Y}^2]$$
$$= a^2 E(\overline{X}^2) + 2ab E[\overline{XY}] + b^2 E[\overline{Y}^2]$$

偏差の2乗の平均は分散、または標準偏差の2乗であるので、

$E(\overline{X}^2)$はXの分散または標準偏差の2乗であり、$E[\overline{Y}^2]$はYの分散または標準偏差の2乗であるので、XおよびYの分散をそれぞれσ_x^2およびσ_y^2と書き換えると上記の式は次のようになります。

第3章　統計解析

$$\mathrm{Var}(aX+bY) = a^2\sigma_x^2 + 2ab E[\overline{XY}] + b^2\sigma_y^2$$

上記の式で、$E[\overline{XY}]$ はXとYの共分散（σ_{xy}と表示する）であり、また、共分散は相関係数（r_{xy}と表示する）と下記の関係があるので、上記の式は下記のようになります。

$$相関係数（r_{xy}）= \frac{\sigma_{xy}}{\sigma_x \sigma_y}$$

$$\therefore \quad \mathrm{Var}(aX+bY) = a^2\sigma_x^2 + 2ab\,\sigma_{xy} + b^2\sigma_y^2$$
$$= a^2\sigma_x^2 + 2ab\,r_{xy}\,\sigma_x\,\sigma_y + b^2\sigma_y^2 \quad\text{―――――①}$$

確率変数Xと確率変数Yが独立な場合、相関係数がゼロなので上記の式は下記のように単純化されます。

$$\mathrm{Var}(aX+bY) = a^2\sigma_x^2 + b^2\sigma_y^2 \quad\text{―――――②}$$

①の関係式は、２種類の証券を組み合わせたポートフォリオのリスクとリターンを分析するうえで不可欠な公式で、証券アナリスト試験にもほぼ毎回出題されているようです。

自然界、人間社会のデータ集団の中には相互に何らかの繋がりがあって、データ間に影響を及ぼし合っている場合が多くあります。たとえば20歳の女性の身長をX、体重をYとすると、XとYはまったく無関係とは言い切れません。身長が高くなれば体重も増えるからです。株式の価格も他の株式の価格とまったく無関係に変動するのではなく連動性を持っている場合がほとんどです。したがって、確率変数同士が独立な場合より、独立でない場合の方が多いと言えるでしょう。

☞まとめ

- 確率変数とは、本来ある確率のもとでいろいろな値をとって変化する変数のことをいうが、株価のような、状況に応じて異なる値を取る変

1　データ集団のリアル（統計データ）とバーチャル（確率変数）の世界

数も確率変数として取り扱うことで、統計解析が容易に行える。
- 確率変数には、飛び飛びの値をとる離散的確率変数と、連続した値を取る連続的確率変数がある。
- 確率変数の平均値は期待値とよばれ、E(X)と表示されることが多い。
- 確率変数の期待値は確率変数を確率で加重平均した値であり、分散は偏差の二乗を確率で加重平均した値である。
- 確率変数に付与された確率の総和は1となる。
- 確率変数Xの取る値と、その起こる確率Pがどのように分配されているかを表したものを確率分布という。
- 連続的確率変数Xが−∞から特定の値 x_n に収まる確率を確率変数Xの累積確率といい、累積確率を表す関数を確率分布関数または累積分布関数と呼ぶ。
- 確率分布関数の導関数を確率密度関数といい、確率変数Xがa～bの間に収まる確率は確率密度関数をaからbまで積分した値となる。
- 確率変数に定数を加算したり、定数を乗じたときの特性はデータ集団の特性に準じる。
- 代表的な離散的確率変数の分布に二項分布があり、二項分布の平均、分散は下記の算式に従う。
　　平均（μ）＝np
　　分散（σ^2）＝np(1−p)
　　n：試行回数
　　p：事象の起こる確率
- 代表的な連続的確率変数の分布に正規分布があり、正規分布の概念と応用は証券分析に大変役立つ。
- 正規分布は平均（μ）と標準偏差（σ）が決まれば確率密度関数の分布の様子が決まるので、正規分布は下記のように表記されることがある。
　　N(μ, σ^2)
- 正規分布N(μ, σ^2)を正規分布N(0, 1)に変換することを正規分布の標準化といい、正規分布を標準化することで標準正規分布表を使ってさまざまな統計解析が容易に行える。
- 正規分布を標準化するには、確率変数Xから平均μの値を引き算し、その結果を標準偏差σで割り算する。標準化された確率変数はZと表示されることが多い（下記参照）。

第3章　統計解析

$$z = \frac{x - \mu}{\sigma}$$

- 正規分布に従う確率変数を組み合わせた新しい確率変数も正規分布に従い、この性質を、正規分布の加法性という。
- 正規分布に似た分布の特性を持つ連続的確率変数で、特に標本数が少ない場合（通常30以下）の推定や検定作業を行う上で役に立つ分布に、t分布（ステューデント分布ともいう）と呼ばれるものがある。
- t分布には自由度という概念が必要であり、通常標本数から1を引いた値が自由度になる。
- 自由度とは独立に変動することができる変数の個数のことで、不偏分散を算出する際も自由度（n−1）が使われる。
- 複数の確率変数を組み合わせた確率変数のことを、同時確率変数という。
- 同時確率変数（X, Y）を構成するXとYを、周辺確率変数という。
- 確率変数Xと確率変数Yが独立しているとは、Xが取る値とYが取る値は互いに影響されないで独自に決まるという性質であり、数学的には、同時確率変数（X, Y）の確率分布が、周辺確率変数XとYの確率分布の積になっている状況のことをいう。
- 確率変数の和と積の公式は重要なので覚えておくこと。

【練習問題1】

97ページの例題で、日経平均株価が17,000円〜24,000円になる確率を求めなさい。なお日経平均株価は正規分布に従うと仮定し、巻末の標準正規分布表を用いて答えなさい。

【練習問題2】

下記の特性を持った株式Xと株式Yに投資するポートフォリオについて次の質問に答えなさい。なお、株式Xのリターンと株式Yのリターンは共に正規分布に従うと仮定し、すべての答えはパーセントの小数点以下3桁目を四捨五入しなさい。

	期待リターン（年率）	リスク（標準偏差）（年率）
株式X	7%	20%
株式Y	6%	12%

① 投資額の30%を株式Xに、70%を株式Yに投資するポートフォリオについて、株式Xと株式Yのリターンの相関係数が0.85の場合、ポートフォリオの期待リターンおよびリスク（標準偏差）を求めなさい。

② ①のポートフォリオについて、株式Xと株式Yのリターンの相関係数が0および−0.85の場合、ポートフォリオのリスク（標準偏差）を求め、組み入れ株式の相関係数とポートフォリオのリスクについてどのようなことがいえるか答えなさい。

③ 1年後に①のポートフォリオのリターンがプラスの値となる確率を求めなさい。ただし、株式Xと株式Yのリターンの相関係数はゼロとする。

④ 手持ち資金が5億円あった場合、株式Yを2億円空売りし、その資金2億円と手持ち資金の5億円を全額株式Xに投資するポートフォリオの期待リターンを求めなさい。

【練習問題3】

1枚のコインでコイントスを3回行う場合、表の出る回数を確率変数Xとする。確率変数Xを一律に2倍し、かつ2を減じた新しい確率変数Yを考え、Yの確率分布、平均および分散を求めなさい。

【練習問題4】

1つのサイコロを720回振る場合、1の目が出る回数が110回以上、130回以下となる確率を、二項分布が正規分布で近似できる特性を使って求めなさい。

2　母集団と標本

母集団と標本の概要は第一章で解説しましたが、ここではさらに、母集団から標本を抽出する方法とその統計的効果、母集団と標本の統計量、および

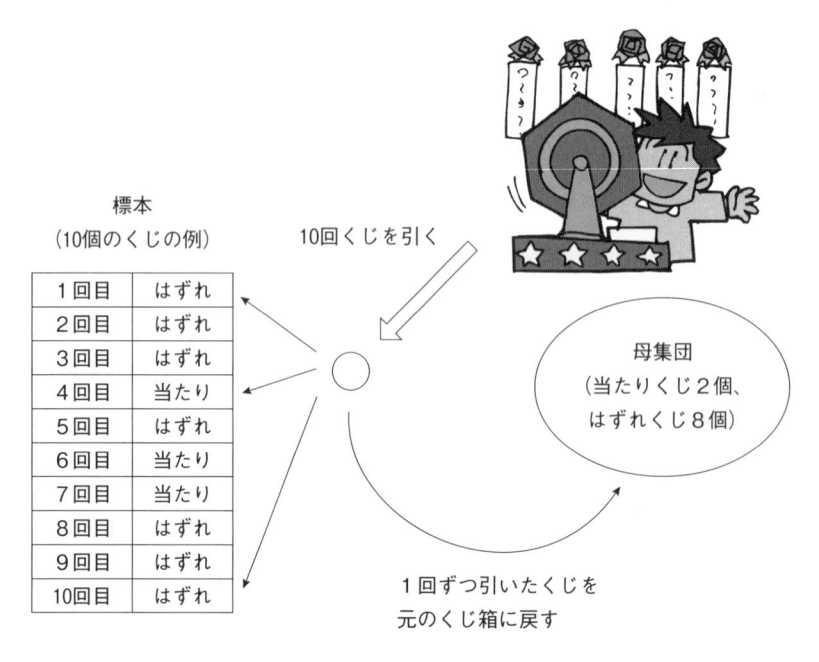

図44　くじ引き－復元抽出法の例

母集団と標本の分布について詳しく解説します。

2.1 標本の抽出方法

母集団から標本を抽出する方法には、「復元抽出」と「非復元抽出」という2種類の抽出方法があり、その方法の違いにより統計的取り扱いが異なります。

2.1.1 復元抽出と非復元抽出

第1章の世論調査の例では、3千万人の母集団からランダムに1万人を抽出して標本としましたが、母集団からその構成要素を抽出する際、同じ人を重複して抽出することを許可する方法と、重複を許可しない方法があります。同じ人を重複して抽出するということは、一度標本として選んだ人をまた母集団に戻して、次の抽出を行うのと同じことです。たとえば、10個のく

2　母集団と標本

標本は母集団と等しい集団となる
（当たりくじ2個、はずれくじ8個）

1回目	はずれ
2回目	はずれ
3回目	はずれ
4回目	当たり
5回目	はずれ
6回目	はずれ
7回目	当たり
8回目	はずれ
9回目	はずれ
10回目	はずれ

10回続けてくじを引く

母集団
（当たりくじ2個、はずれくじ8個）

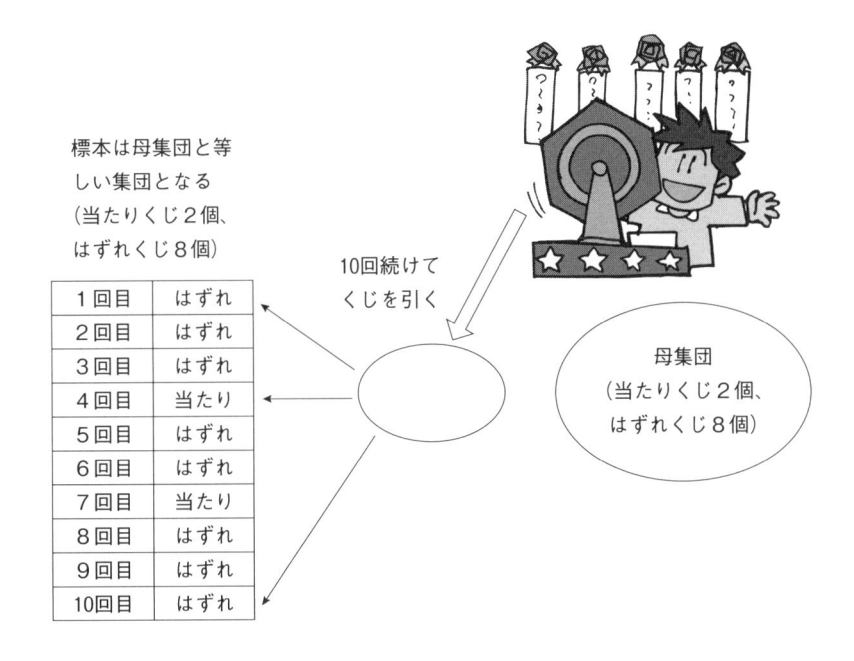

図45　くじ引き－非復元抽出法の例

じ（当たりくじが2個とはずれくじが8個）が入っているくじ箱から10回くじを引く際、くじ箱から取ったくじを1回ずつ元のくじ箱に戻して、常に10個のくじ（当たりくじが2個とはずれくじが8個）の入ったくじ箱から10回繰り返す方法を復元抽出法といいます。母集団をいつも最初の状態に戻して（復元して）から抽出をするのでこのような言い方をします。一方、非復元抽出法ではくじ箱から引いたくじは、くじ箱に戻さず、10回くじを引く方法です。両者の方法の違いにより、標本統計量が明白に違うということが想像できると思います。

　まず、復元抽出法を考えてみましょう（図44参照）。1回のくじ引きで当たりくじを引く確率は20％です（2÷10＝0.2）。復元抽出では当たりくじを当てる確率が20％の試行を10回繰り返すことになり、10回のくじ引きで全部当たりとなることや全部はずれとなることもありえます。この例はイチロー選手がヒットを打つ例題（p.86）と同じように解釈でき、当たりくじを引く

119

第3章　統計解析

回数は二項分布に従い、平均は2回となります。

次に非復元抽出法を考えてみましょう（図45参照）。この例では10個のくじが入っている母集団から、非復元抽出で10個のくじを取り出すわけですから、標本は母集団とまったく等しくなります。当たりくじは確実に2つ、はずれくじは確実に8つとなり、それ以外の組合せはありえません。

2.1.2　有限母集団と無限母集団と抽出方法の関係

前述の例のように、母集団を構成するデータの数があまり多くない場合は、抽出方法の違いにより、標本の統計量が異なります。

母集団には構成要素の数が有限のものと無限のものがあります。生産ライン上での商品のサンプリング調査では、母集団となる生産される商品全体は継続的に生産されるものなので、構成要素は継続的に膨らみ続けるため、数が特定できず無数の数だといえます。現実的には構成要素の数が無限の場合はあまり見当たらないような気がしますが、工場での生産ライン上の生産物

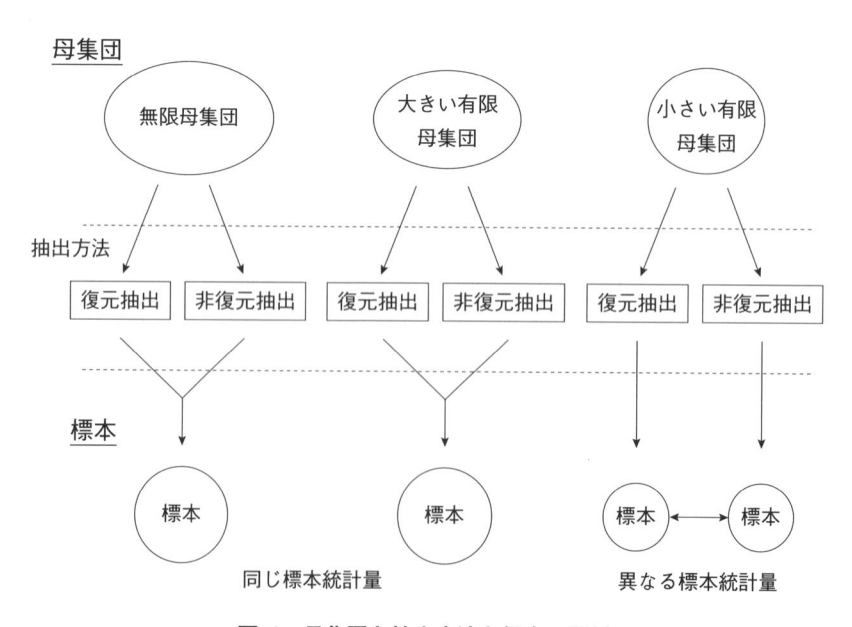

図46　母集団と抽出方法と標本の関係

のような無数に近いデータの数から構成される母集団は無限母集団とみなします。一方、母集団を構成するデータの数が有限のものを有限母集団といいます。

復元抽出と非復元抽出の違いは、同じものが重複して抽出できるか否かです。母集団の構成要素の数が十分大きい場合は、標本を復元抽出した場合でも、同じものを重複して抽出する確率は低くなります。したがって、無限母集団や有限母集団でも構成要素の数が十分大きい場合は、復元抽出でも非復元抽出でも結果はほとんど違いません。

政党支持率の推定の際の有権者全員からなる母集団は有限母集団であっても、構成要素の数が十分大きいので無限母集団とみなすことができ、復元抽出でも非復元抽出でも標本統計量の差異は見られないでしょう。一方、くじ引きの例のように母集団の構成要素の数が小さい場合では、復元抽出をすると、同じものを重複して抽出する確率が高くなり、復元抽出と非復元抽出では結果は変わってきます。

2.2　母平均、母分散、母標準偏差と標本統計量

母集団の代表的な統計量の平均や分散等を標本の統計量と明確に区別する場合、頭に「母」をつけて、母平均、母分散、母標準偏差といいます。一方、標本の統計量については、頭に「標本」をつけて、標本平均、標本分散、標本標準偏差といいます。母集団の統計量と標本の統計量にどのような関係があるのか考えてみましょう。

箱の中に1、2、3と書かれたボールがそれぞれ10個ずつ入っている母集団を考えます（図47参照）。合計30個のボールからなる母集団から10個のボールを復元抽出法で抽出します。この試行を10回繰り返し行って、10回の標本の平均と分散を考えます。

まず母平均を μ_m、母分散を σ_m^2 とおきそれぞれ計算すると、下記のようになります。

第3章　統計解析

(1回の試行)

標本
(10個のボール)

復元抽出法で
10個ボールを取る

母集団
(30個のボール)
①が10個
②が10個
③が10個

1個ずつ取った
ボールを
元の箱に戻す

標本
(試行を10回繰り返した結果)

1つの標本平均の具体例

1つの標本分散の具体例

試行	X1	X2	X3	X4	X5	X6	X7	X8	X9	X10	平均	分散
1回目	1	1	3	3	3	1	1	3	3	2	2.100	0.890
2回目	2	1	2	3	2	1	1	2	2	1	1.700	0.410
3回目	3	2	3	1	2	2	2	1	1	2	1.900	0.490
4回目	3	2	1	3	3	1	3	1	2	3	2.200	0.760
5回目	1	1	1	3	1	1	2	2	2	2	1.600	0.440
6回目	1	2	1	3	2	3	3	3	3	1	2.200	0.760
7回目	1	1	3	1	2	3	2	2	1	3	1.900	0.690
8回目	1	2	1	3	1	2	3	2	1	3	1.900	0.690
9回目	1	1	1	3	3	3	3	1	2	2	2.000	0.800
10回目	2	1	2	1	3	2	2	1	2	1	1.700	0.410
平均	1.60	1.40	1.80	2.40	2.20	1.90	2.20	1.80	1.90	2.00	1.920	0.634

試行回数が多くなれば母平均に近づく

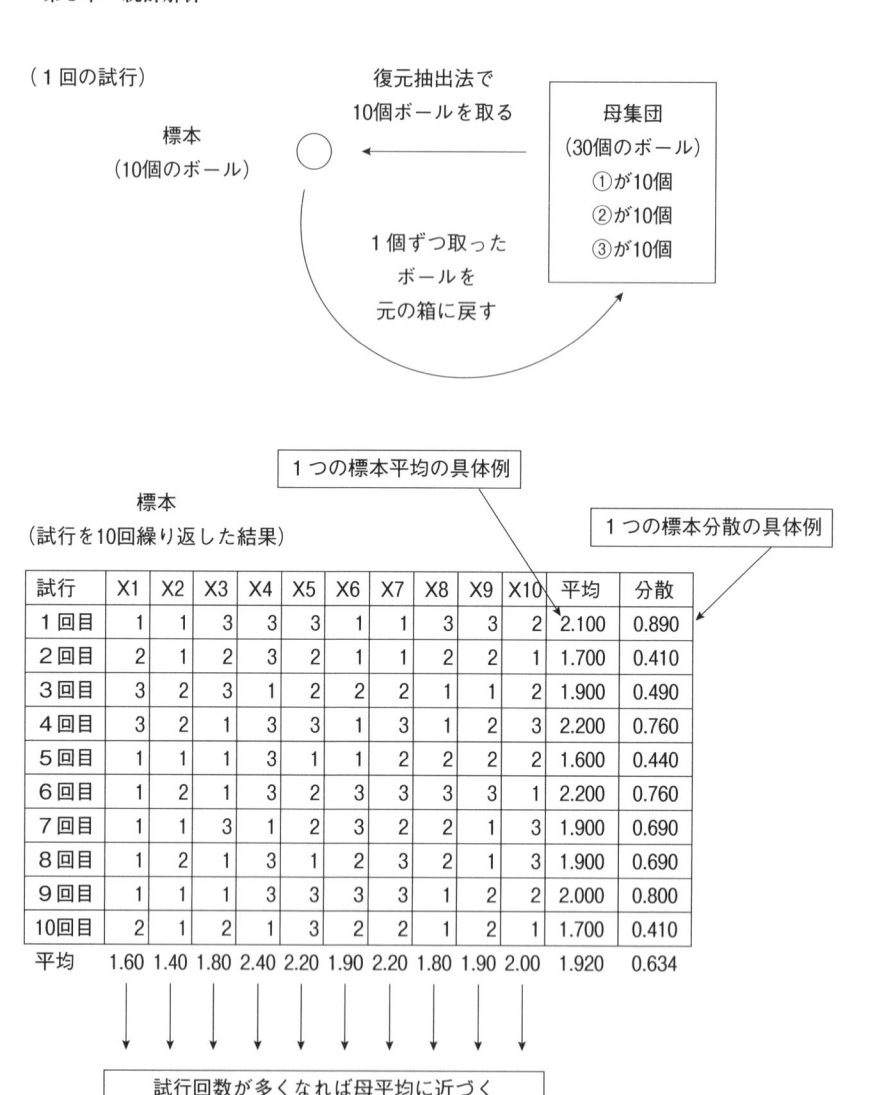

図47　母集団と標本の関係－復元抽出法

$\mu_m = (1 \times 10 + 2 \times 10 + 3 \times 10) \div 30$
$= (1 + 2 + 3) \div 3$
$= 2$

$$\sigma_\mathrm{m}^2 = \{(1-2)^2 \times 10 + (2-2)^2 \times 10 + (3-2)^2 \times 10\} \div 30$$
$$= (1 + 0 + 1) \div 3$$
$$\fallingdotseq 0.667$$

　次に標本の平均と分散を考えます。10個のボールの標本抽出を10回繰り返し行うとき、1回1回の標本の平均と分散は同じとは限りません。10個のボールがすべて数字①のボールとなるケースもまったくあり得ないとは言い切れません。また、10個のボールがすべて数字③のボールとなるケースもあり得るわけですから、1回ごとの平均と分散はばらつきがあるはずです。標本平均と標本分散は抽出の結果により値が変化し、一定の確率をともなっているので確率変数とみなせます。実際の抽出結果は図47の表のようになったと仮定します。

　この例では、試行毎の標本平均の平均は1.92に、標本分散の平均は0.634となり、母集団の統計量とそれほど違わないことがわかります。これは試行を10回繰り返した結果の実現値の一つであり、同じ試行をさらに10回繰り返しても同じ結果になるとは言い切れません。もし、この試行を10万回繰り返したとしたらどうでしょう。試行回数が多くなれば、1回ずつ抽出する値の平均値（上記の図表の列の平均）は母平均に近づきます。また、標本の分布も母集団の分布に近づきます。

　上記の関係を一般化して、母集団から復元抽出を行い、データの個数がnの標本を考えてみましょう。標本を構成する一つひとつの個体はお互い独立の確率変数となり、これを $x_1 \sim x_n$ からなる確率変数Xとします。標本抽出の結果、一つひとつの個体が取った値をもとに計算される標本平均もまた確率変数となります。同じ試行を繰り返した場合の確率変数である、標本平均$\bar{X}$の平均と分散を考えてみましょう。少しわかりにくいですが、標本平均を確率変数とみなしているので、その確率変数の平均と分散を問題とします。一つひとつの標本の平均と分散を指しているのではありません。

　母平均を μ_m、母分散を σ_m^2 とすると下記のような関係があります。

標本平均 $(\bar{X}) = \dfrac{1}{n}\sum_{i=1}^{n} x_i$ ⟶ これを確率変数とする

標本平均は確率変数なので、さまざまな値を取ります。

$$\begin{aligned}標本平均の期待値 = E(\bar{X}) &= E(\dfrac{1}{n}\sum_{i=1}^{n} x_i) \\ &= E(\dfrac{1}{n}x_1 + \dfrac{1}{n}x_2 + \cdots\cdots + \dfrac{1}{n}x_n) \\ &= \dfrac{1}{n}E(x_1) + \dfrac{1}{n}E(x_2) + \cdots\cdots + \dfrac{1}{n}E(x_n)\end{aligned}$$

前述の標本抽出の例より、それぞれの標本構成要素 x_i の平均は数多く試行を繰り返せば母平均に近づくので、その期待値は母平均となります。したがって、次の算式が成立します。

$$\begin{aligned}標本平均の期待値 = E(\bar{X}) &= \dfrac{1}{n}\mu_m + \dfrac{1}{n}\mu_m + \cdots\cdots + \dfrac{1}{n}\mu_m \\ &= \dfrac{1}{n}(n \cdot \mu_m) = \mu_m\end{aligned}$$

また、標本平均の分散は下記のようになります。

$$\begin{aligned}標本平均の分散 = Var(\bar{X}) &= Var(\dfrac{1}{n}\sum_{i=1}^{n} x_i) \\ &= Var(\dfrac{1}{n}x_1 + \dfrac{1}{n}x_2 + \cdots\cdots + \dfrac{1}{n}x_n) \\ &= \dfrac{1}{n^2}Var(x_1) + \dfrac{1}{n^2}Var(x_2) + \cdots\cdots + \dfrac{1}{n^2}Var(x_n)\end{aligned}$$

標本平均と母平均の関係と同じように、それぞれの標本構成要素 x_i の分散は数多く試行を繰り返せば母分散に近づくので、その期待値は母分散となります。したがって、下記の算式が成立します。

2 母集団と標本

$$標本平均の分散の期待値 = \frac{1}{n^2}\sigma_m^2 + \frac{1}{n^2}\sigma_m^2 + \cdots\cdots + \frac{1}{n^2}\sigma_m^2$$
$$= \frac{1}{n^2}(n \cdot \sigma_m^2) = \frac{\sigma_m^2}{n}$$

2.3 標本分散の平均

紛らわしい表現に、標本平均の分散と標本分散の平均があります。標本平均の分散とは標本平均を確率変数と考えたときの、その平均からのばらつき度合を言うのに対し、標本分散の平均とは試行毎の標本分散を平均したものをいいます。

表32 標本分散の平均の計算例

1つの標本平均の具体例
1つの標本分散の具体例

試行	X1	X2	X3	X4	X5	X6	X7	X8	X9	X10	平均 $\bar{X}$	分散 σ^2
1回目	1	1	3	3	3	1	1	3	3	2	2.100	0.890
2回目	2	1	2	3	2	1	1	2	2	1	1.700	0.410
3回目	3	2	3	1	2	2	2	1	1	2	1.900	0.490
4回目	3	2	1	3	3	1	3	1	2	3	2.200	0.760
5回目	1	1	1	3	1	1	2	2	2	2	1.600	0.440
6回目	1	2	1	3	2	3	3	3	3	1	2.200	0.760
7回目	1	1	3	1	2	3	2	2	1	3	1.900	0.690
8回目	1	2	1	3	1	2	2	2	3	2	1.900	0.690
9回目	1	1	1	3	3	3	3	1	2	2	2.000	0.800
10回目	2	1	2	1	3	2	2	1	2	1	1.700	0.410
	↓	↓	↓	↓	↓	↓	↓	↓				
n回目	X1n	X2n	X3n	X4n	X5n	X6n	X7n	X8n	X9n	X10n	$\bar{X}_n$	σ_n^2
平均	E(X1)	E(X2)	E(X3)	E(X4)	E(X5)	E(X6)	E(X7)	E(X8)	E(X9)	E(X10)		

第3章 統計解析

標本分散の概念と定義式を前述した例を使って考えてみましょう（表32参照）。

$$\text{標本分散}\ (\sigma_{x_1}^2) = \frac{1}{10}\sum_{i=1}^{10}(x_{i1}-\bar{x}_1)^2 = \frac{1}{10}\sum_{i=1}^{10}x_{i1}^2 - \bar{x}_1^2 \ \text{———1回目の試行}$$

$$= 5.30 - 2.1^2 = 0.89$$

$$\text{標本分散の平均} = \frac{1}{n}\sum_{k=1}^{n}\frac{1}{10}\sum_{i=1}^{10}(x_{i1}-\bar{x}_k)^2 \ \text{———全試行の分散の平均}$$

$$= (0.89 + 0.41 + 0.49 + \cdots\cdots + \sigma_n^2) \div n$$

一般的に母分散を σ_m^2、標本構成要素の数を n とすると、標本分散の平均は下記のように定義されます。

$$\text{標本分散の平均} = E(\sigma^2) = \frac{n-1}{n}\sigma_m^2$$

上記の式より、標本分散の期待値は母分散より小さいということがわかります。このことは、標本分散から母分散を推測する場合、何らかの補正をしなければ誤差が生じる、ということになります。そこで登場するのが自由度という概念です。

［証明］

$$\sigma^2 = \frac{1}{n}\{(x_1-\bar{x})^2 + (x_2-\bar{x})^2 + \cdots\cdots + (x_n-\bar{x})^2\}$$

$$= \frac{1}{n}(x_1^2 + x_2^2 + \cdots\cdots + x_n^2) - \bar{x}^2$$

したがって、

$$E(\sigma^2) = E\{\frac{1}{n}(x_1^2 + x_2^2 + \cdots\cdots + x_n^2) - \bar{x}^2\}$$

$$= \frac{1}{n}E(x_1^2) + \frac{1}{n}E(x_2^2) + \cdots\cdots + \frac{1}{n}E(x_n^2) - E(\bar{x}^2)$$

$$= \frac{1}{n}\{E(x_1^2) + E(x_2^2) + \cdots\cdots + E(x_n^2)\} - E(\bar{x}^2) \ \cdots\cdots\cdots①$$

［分散＝2乗の平均－平均の2乗］の関係式を使い

$$E(X_k^2) = Var(X_k) + E(X_k)^2 \cdots\cdots\cdots ②$$
$$E(\bar{X}^2) = Var(\bar{X}) + E(\bar{X})^2 \cdots\cdots\cdots ③$$

が導かれ、②、③を①に代入すると、

$$E(\sigma^2) = \frac{1}{n} \sum_{k=1}^{n} (Var(X_k) + E(X_k)^2) - (Var(\bar{X}) + E(\bar{X})^2)$$
$$= \frac{1}{n} \cdot n(\sigma_m^2 + \mu_m^2) - \left(\frac{\sigma_m^2}{n} + \mu_m^2\right)$$
$$= \sigma_m^2 + \mu_m^2 - \frac{\sigma_m^2}{n} - \mu_m^2$$

したがって、

$$E(\sigma^2) = \frac{n-1}{n} \sigma_m^2$$

2.4 母集団と標本の分布

　母集団が正規分布に従うとき、その標本の確率変数である標本平均$\bar{X}$も正規分布に従います。正規母集団を$N(\mu_m, \sigma_m^2)$とすると標本平均$\bar{X}$は$N(\mu_m, \sigma_m^2/n)$と表示できます。ただし、nは標本を構成する固体の数を表しています。

　また、標本を構成する個体の数nが十分大きい場合は、任意の分布を持つ母集団についても標本平均$\bar{X}$の分布は正規分布$N(\mu_m, \sigma_m^2/n)$に従うとみなすことができます。この法則は中心極限定理といい、必ずしも正規分布に従わない母集団を正規分布の法則を使って解明することができるので、自然現象や社会現象を分析するうえで役立っています。

　また、正規分布の標準化の手順に従い、
$Z = \dfrac{\bar{X} - \mu_m}{\frac{\sigma_m}{\sqrt{n}}}$ は標準正規分布$N(0, 1)$に従うことになり、標準正規分布表を使って統計分析が可能となります。

☞まとめ

- 母集団を構成する要素の数が無限のものを無限母集団といい、有限のものを有限母集団という。
- 母集団からその構成要素を抽出する際、同じものを重複して抽出することを許可する方法を復元抽出といい、重複は許可しない方法を非復元抽出という。
- 無限母集団または大きい有限母集団から標本を抽出する際、抽出方法の違いによる標本統計量の差異はないが、小さい有限母集団から標本を抽出する際は、抽出方法の違いにより標本統計量が異なる。
- 母集団の統計量を標本の統計量と明確に区別する場合、頭に「母」をつけて、母平均、母分散、母標準偏差といい、標本の統計量については、頭に「標本」をつけて、標本平均、標本分散、標本標準偏差という。
- 標本抽出の結果、一つひとつの個体の値を基に計算される標本平均も確率変数となる。
- 確率変数である標本平均の期待値は母平均となるが、標本平均の分散は母分散を標本数で除した値となる。
- σ_m^2 を母分散、nを標本のサイズとすると、標本分散の平均は下記のように算出される。

$$標本分散の平均 = \frac{n-1}{n} \sigma_m^2$$

- 母集団が正規分布に従うとき、その標本の確率変数である標本平均も正規分布に従う。正規母集団を$N(\mu_m, \sigma_m^2)$とすると標本平均は$N(\mu_m, \sigma_m^2/n)$と表示できる。
- 標本のサイズが十分大きい場合は、任意の分布を持つ母集団についても標本平均の分布は正規分布$N(\mu_m, \sigma_m^2/n)$に従うとみなすことができる。この法則を中心極限定理といい、必ずしも正規分布に従わない母集団を正規分布の法則を使って解明することができるので、自然現象や社会現象を分析する上で役立つ。

【練習問題1】

母平均200、母標準偏差32の特性を持った母集団(分布の状況は不明)から、標本の数を400とする標本を抽出するとき、次の質問に答えなさい。

① 標本平均が204以上になる確率を求めなさい。
② 標本平均が199.2以上202.4以下になる確率を求めなさい。

【練習問題２】
　箱の中に②④⑥⑧と書かれたボールが１つずつ入ってる。そこから復元抽出で2つのボールを抽出する場合、標本平均の分散を求めなさい。

3　回帰分析

3.1　回帰分析

　回帰分析とは、独立変数（X）と従属変数（Y）の間の関係を表す式を統計的手法によって推計する分析方法のことをいい、下記の式のXの関数を推計し、得られた関数を用いてYを予測するのに役立てようとするのがこの分

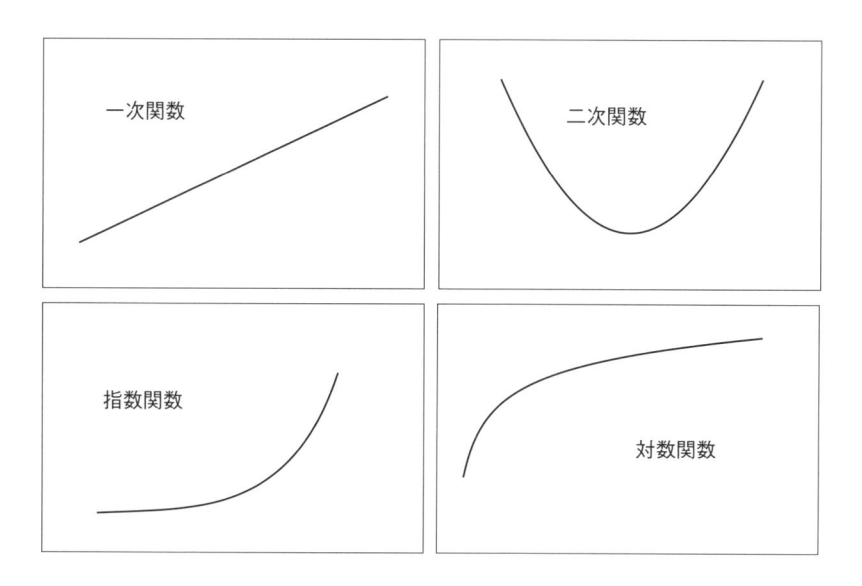

図48　各関数のグラフの形状

析方法の目的です。独立変数（X）は説明変数ともよばれます。YはXによって説明されるので、従属変数（Y）は被説明変数ともよばれます。

$$Y = f(X) = X の関数$$

関数はわかりやすく、説得力があること、また、数学的に処理が容易であること等が求められます。一般的な関数には、一次関数、二次関数、指数関数、対数関数等がありますが、Xの関数の中で最も単純で分析も容易な、便利な関数は一次関数なので、これを推計する方法を考えてみましょう。

関数の例：
　　一次関数：$Y = aX + b$
　　二次関数：$Y = aX^2 + bX + c$
　　指数関数：$Y = a^X$

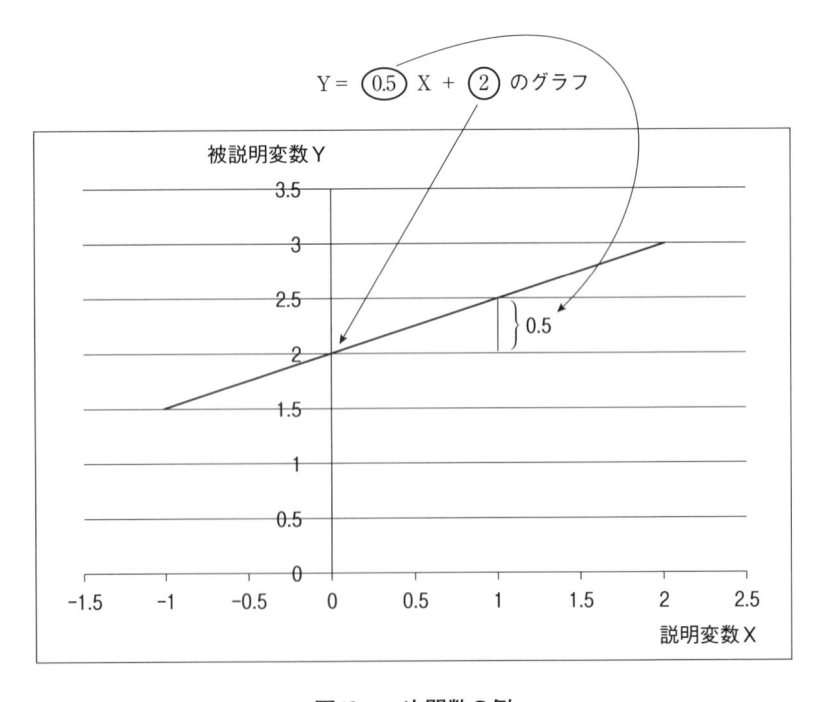

図49　一次関数の例

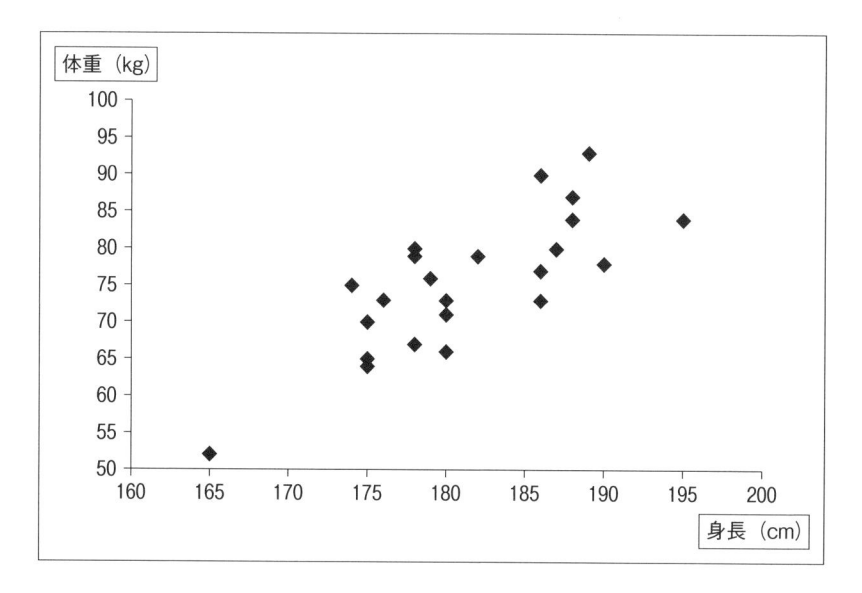

図50 ブラジルの選手の身長と体重の相関図

対数関数：$Y = \log_a X$

それぞれの関数のグラフの形状は図48のようになります。

最も単純な一次関数は下記のように表示され、XとYをグラフにすると直線になるので回帰直線と呼ばれ、一次関数以外の回帰方程式は回帰曲線になります。

$Y = aX + b$

この関数で a = 0.5、b = 2 とすると図49のようになります。

bは切片とよばれ、Xが0のときのYの値です。aは直線の傾きでXが1増加したとき、Yの変化する値です。

ブラジルの選手の身長と体重の関係の例を使って、回帰分析を考えてみましょう。ブラジルの選手の身長と体重の相関図は図50のようになりました。

ブラジルの選手の身長だけがわかっていると仮定した場合、この相関図から図51に表示されている一次関数を見つけることができれば、おおよその体

第3章 統計解析

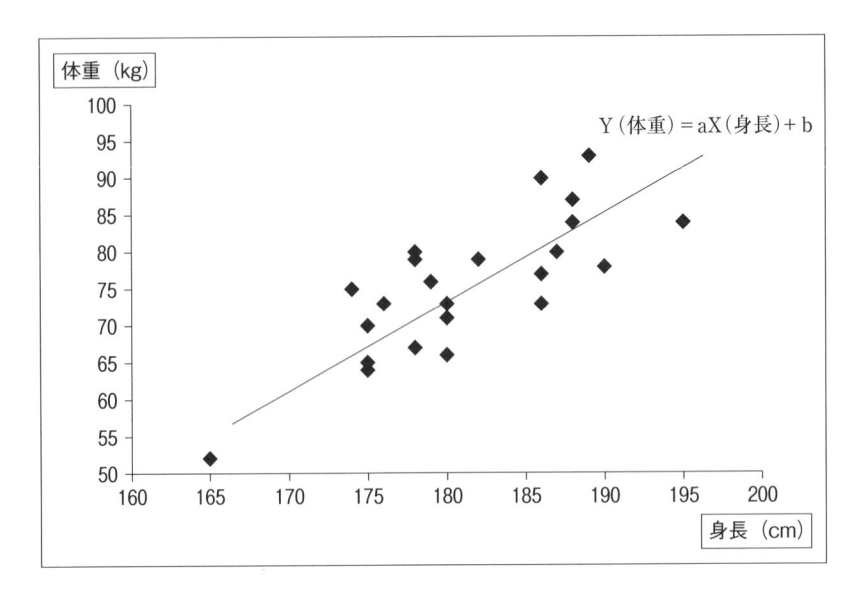

図51 ブラジルの選手の身長と体重の相関図と回帰直線

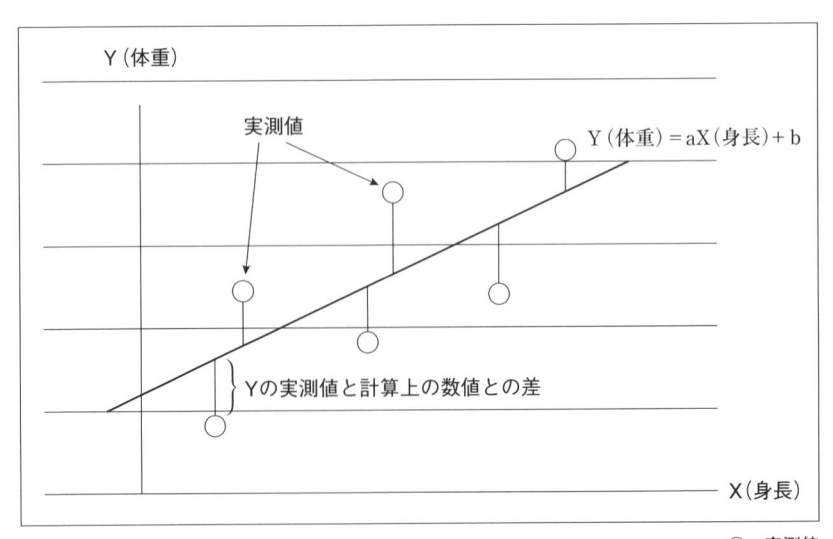

図52 最小二乗法のイメージ図

重を推測することができます。

　この直線式（つまりaとb）を求めることは、Y＝aX＋bとした場合、Xに実際の身長を代入したときに、計算上得られたY（体重）と実際の体重の差の2乗の合計値が最も小さくなるようなaとbの値を求めるということに他なりません。この作業のイメージ図は図52のようになり、計算値と実際の値の差の2乗の合計が最も小さくなるパラメータ（aとbのことをいう）を求めることができれば、その関数は実際の数値に最もフィットする直線になるので、最小二乗法と呼ばれます。

　一般的に、回帰直線を求めるには、すべてのXについて、実測値と計算上の数値（回帰直線上の数値）の差の絶対値の合計を最小にするような直線を求めればいいということになります。

　この意味は、回帰のまわりの分散を最小にするような操作を行うことに等しいと言い換えられます。数学的に絶対値の差の合計を求めるより、差の2乗の合計を求める方が取り扱い易い（データのばらつきの尺度の分散の概念と同じ）ので、すべてのXについて、実測値と計算上の数値の差の2乗の合計を最小にするような直線を求めることで、関数 Y＝aX＋b のパラメーターであるaとbを求めることができます。

　さらに、実測値と計算上の数値の差の2乗の平均値を最小にするような直線を考えると、分散、共分散とも概念的に相通じるものがあるので、このことを頭に入れておきましょう。

μ_y
（平均）

μ_x
（平均）

回帰直線はXの平均μ_xと
Yの平均μ_y（座標(μ_x, μ_y)）を通る

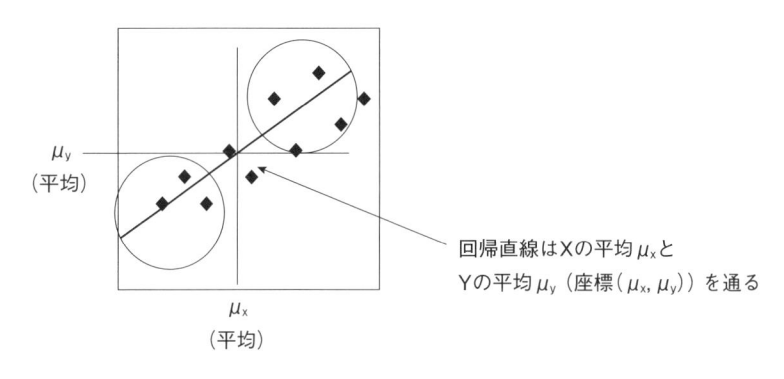

図53　正の相関のあるデータ集団の散布図

第3章　統計解析

3.1.1　回帰直線のパラメーターの求め方

2つの変数XとYの散布図から相関の様子および共分散を考えたとき、図53のようなグラフを使って説明したことを思い出してください。この図は変数Xと変数Yが正の相関関係にある場合の散布図で、Xの平均はμ_x、Yの平均はμ_yと表示します。それぞれの変数を別々に考えて、偏差の合計はゼロなので、変数から平均以外の定数を引いた値の合計はゼロではなくなります。そのため、偏差の2乗の合計が、変数から平均以外の定数を引いた値の2乗の合計より小さい値となるので、回帰直線は変数の平均を通過する直線であることがわかります。ちょっとわかりにくいので図53の散布図を参考にしてください。

座標（μ_x, μ_y）を通る直線は
$Y = aX + b$ に $X = \mu_x$, $Y = \mu_y$ を代入すると
$\mu_y = a\mu_x + b$ となり、$b = \mu_y - a\mu_x$ となります。

そこで、$b = \mu_y - a\mu_x$ を $Y = aX + b$ に戻してパラメーターのbを取り除く

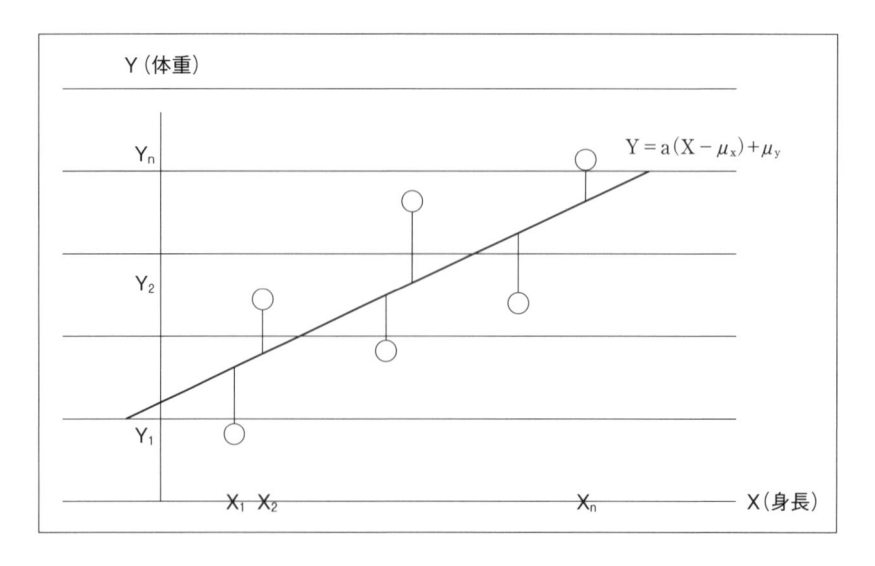

図54　最小二乗法のイメージ図

と次の式になります。

$$Y = aX + \mu_y - a\mu_x = a(X - \mu_x) + \mu_y$$

この式のaは直線の傾きなので、これがわかれば回帰直線が見つけ出されることになります。

変数Xの値を $x_1, x_2, \cdots\cdots x_n$ とします。それに対応した変数Yの値を $y_1, y_2, \cdots\cdots y_n$ とします。

変数 Y_n の実測値と、回帰直線を使った計算上の値との差は下記のように表すことができます。

$$Y_n - \{a(X_n - \mu_x) + \mu_y\} = (Y_n - \mu_y) - a(X_n - \mu_x)$$

上記の式の2乗は

$$[(Y_n - \mu_y) - a(X_n - \mu_x)]^2 = [a(X_n - \mu_x) - (Y_n - \mu_y)]^2$$
$$= a^2(X_n - \mu_x)^2 - 2a(X_n - \mu_x)(Y_n - \mu_y) + (Y_n - \mu_y)^2$$

となり、

上記の式をすべての変数について合計したものを変数の数nで割ると、下記の式のように表示できます。

$$\frac{1}{n}\sum_{i}^{n} [a^2(X_i - \mu_x)^2 - 2a(X_i - \mu_x)(Y_i - \mu_y) + (Y_i - \mu_y)^2]$$

$$= a^2 \underbrace{\frac{1}{n}\sum_{i}^{n} (X_i - \mu_x)^2}_{\text{Xの分散}} - 2a \underbrace{\frac{1}{n}\sum_{i}^{n} (X_i - \mu_x)(Y_i - \mu_y)}_{\text{XとYの共分散}} + \underbrace{\frac{1}{n}\sum_{i}^{n} (Y_i - \mu_y)^2}_{\text{Yの分散}}$$

第 3 章　統計解析

興味深いことに、上記の式を見るとXとYの分散、XとYの共分散が見受けられます。そこでXの分散を σ_x^2、Yの分散を σ_y^2、XとYの共分散を σ_{xy} とすると、上記の式はaの2次方程式となるので、2次方程式の最小値を求める問題となります。

すなわち、aの2次関数

$$f(a) = \sigma_x^2 a^2 - 2\sigma_{xy} a + \sigma_y^2$$

の最小値を求める問題なので、上記の2次関数 $f(a)$ を a で微分した値がゼロとなるaのときに関数 $f(a)$ は最小値となります。2次関数の最小値および微分については巻末の付録をご参照ください。

$f(a)$ を微分した導関数 $f'(a)$ は下記のようになります。

$$f'(a) = 2\sigma_x^2 a - 2\sigma_{xy}$$

$f'(a) = 0$ のとき

$2\sigma_x^2 a - 2\sigma_{xy} = 2(\sigma_x^2 a - \sigma_{xy}) = 0$ なので　$\sigma_x^2 a = \sigma_{xy}$ となり、下記の式が導き出されます。

$$a = \frac{\sigma_{xy}}{\sigma_x^2}$$

このaを $Y = a(X - \mu_x) + \mu_y$ に代入すると、求める回帰直線を表す1次関数は下記のようになります。

$$Y = \frac{\sigma_{xy}}{\sigma_x^2}(X - \mu_x) + \mu_y$$

μ_y を左辺に移動して、

3 回帰分析

$$Y - \mu_y = \frac{\sigma_{xy}}{\sigma_x^2}(X - \mu_x)$$

上記の両辺（式の左側と右側両方）を σ_y で割ると、どこかで見かけたような式が現れます。

$$\frac{Y - \mu_y}{\sigma_y} = \frac{\sigma_{xy}}{\sigma_x^2} \times \frac{X - \mu_x}{\sigma_y} \quad\quad\quad\quad ①$$

相関係数 $(r_{xy}) = \dfrac{\sigma_{xy}}{\sigma_x \sigma_y}$ なので、$\sigma_{xy} = r_{xy} \sigma_x \sigma_y$ を①式に代入すると下記の関係式が導き出されます。

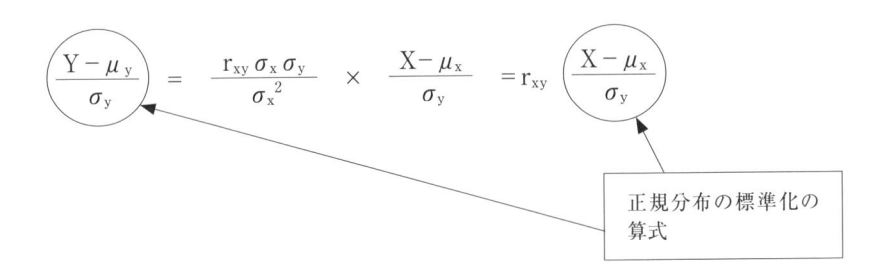

$$\boxed{\frac{Y - \mu_y}{\sigma_y}} = \frac{r_{xy} \sigma_x \sigma_y}{\sigma_x^2} \times \frac{X - \mu_x}{\sigma_y} = r_{xy} \boxed{\frac{X - \mu_x}{\sigma_y}}$$

正規分布の標準化の算式

上記の式の意味を考えてみると、興味深いことがわかります。

正規分布に従う確率変数を標準化する際、変数からその期待値（平均）を引いた値を標準偏差で割る操作を行いました。上記の式を見ると、まさにこの標準化の操作を行っています。

つまり、Yを標準化した値はXを標準化した値の相関係数倍だと定めているのと同じことになります。

3.1.2 回帰直線のフィット具合

回帰直線が観測値にどのぐらいフィットしているかを調べるには、回帰直線を挟んだ分散を調べればよいことが想像されます。データのばらつき度合を表す尺度の分散または標準偏差の概念と同じように考えると、回帰直線からの乖離の2乗の平均値が回帰直線のフィット具合を表しているということ

にたどり着きます。

回帰直線を挟んだ分散は下記の式となります（p.135、136参照）。

$$f(a) = \sigma_x^2 a^2 - 2\sigma_{xy} a + \sigma_y^2$$

上記の式に、$a = \dfrac{\sigma_{xy}}{\sigma_x^2}$ を代入すると

$$f(a) = \sigma_x^2 \left(\dfrac{\sigma_{xy}}{\sigma_x^2}\right)^2 - 2\sigma_{xy}\dfrac{\sigma_{xy}}{\sigma_x^2} + \sigma_y^2$$

$$= \dfrac{\sigma_{xy}^2}{\sigma_x^2} - \dfrac{2\sigma_{xy}^2}{\sigma_x^2} + \sigma_y^2$$

$$= -\dfrac{\sigma_{xy}^2}{\sigma_x^2} + \sigma_y^2$$

さらに $\sigma_{xy} = r_{xy}\sigma_x\sigma_y$ を①式に代入すると

$$f(a) = -\dfrac{(r_{xy}\sigma_x\sigma_y)^2}{\sigma_x^2} + \sigma_y^2$$

$$= -r_{xy}^2\sigma_y^2 + \sigma_y^2 = \sigma_y^2(1 - r_{xy}^2) \geqq 0$$

上記の式より、XとYの相関係数 r_{xy} が1または-1のとき $f(a)$ が0となり、回帰直線が完全に実測値にフィットしていることがわかります。逆に r_{xy} が0のとき、$f(a)$ が最大となり、回帰直線のフィット具合が悪いということになります。

3.1.3　決定係数と回帰分析

回帰分析を行う際、得られた回帰直（曲）線がどの程度実測値を正確に示しているか判定する必要があります。サンプルとなるデータに回帰直（曲）線を当てはめたとき、そのデータが回帰直（曲）線の近くに位置している場合は、回帰直（曲）線とサンプルとなるデータとの回帰関係が強いといえま

す。その際、回帰関係の強弱を表す尺度が決定係数とよばれるもので、通常r^2と表示されます。

決定係数は、関数Yの実測値の分散に対するその推定値の分散の比率を表し、以下の式で定義されます。

$$決定係数(r^2) = \frac{関数Yの推定値の分散}{関数Yの実測値の分散}$$

関数Yの実測値(y_i)と推定値($\hat{y}_l$)は下記の式のように表せます。

$$y_i = \hat{y}_l + e_i \qquad (i = 1, 2, \cdots, n)$$

ここで、e_iは関数Yの実測値(y_i)と推定値($\hat{y}_l$)との差額であり、その平均値は0となり、回帰直線$Y = ax + b$にて説明できない誤差であるといえます。

関数Yの実測値の分散は下記の式で定義されます。

$$\sigma_y^2 = \frac{1}{n}\sum_i^n (y_i - \mu_y)^2 = \frac{1}{n}\sum_i^n (\hat{y}_l + e_i - \mu_y)^2$$

$$= \frac{1}{n}\sum_i^n [(\hat{y}_l - \mu_y) + e_i]^2$$

$$= \frac{1}{n}\sum_i^n ((\hat{y}_l - \mu_y)^2 + 2(\hat{y}_l - \mu_y)e_i + e_i^2)$$

(証明略)

$$= \frac{1}{n}\sum_i^n ((\hat{y}_l - \mu_y)^2 + \frac{1}{n}\sum_i^n e_i^2$$

$$= 関数Yの推定値の分散 + 誤差の分散$$

となり、

第3章　統計解析

$$\text{決定係数 }(r^2) = \frac{\frac{1}{n}\sum_{i}^{n}((\hat{y}_l - \mu_y)^2}{\sigma_y^2}$$

$$= \frac{\text{Var}(aX+b)}{\sigma_y^2}$$

$$= \frac{a^2\text{Var}(X)}{\sigma_y^2}$$

$$= \frac{\left(\frac{\sigma_{xy}}{\sigma_x^2}\right)^2 \cdot \sigma_x^2}{\sigma_y^2}$$

$$= \frac{\sigma_{xy}^2}{\sigma_x^2 \sigma_y^2} = \left(\frac{\sigma_{xy}}{\sigma_x \sigma_y}\right)^2$$

また、相関係数 r_{xy} は共分散を $\sigma_x \sigma_y$ で除した値なので、下記の算式が導き出されます。

決定係数 $(r^2) = r_{xy}^2$

結局、決定係数は相関係数の2乗の値となり、独立変数（説明変数）が従属変数（被説明変数）をどれくらい説明できるのか、その説明できる割合のことを指します。別の言い方をすると、決定係数とは、総変動のうち、統計的に説明できる割合のことで、統計的に説明できない部分を残差といいます。

算式を使って証明できても、なかなか理解するのは難しいので、ブラジルの選手の例を使って、体重を被説明変数Yとし、身長を説明変数Xとして、回帰直線を求め、その決定係数を計算してみましょう。

Y（体重）＝aX（身長）＋b

この関数のグラフは体重と身長のそれぞれの平均値（それぞれ μ_y、μ_x とする）を通り、傾きaの一次関数なので、次の式のように表示できます。

3 回帰分析

表33 ブラジルの選手の身長と体重の回帰分析

	ブラジルの選手							
身長(X)	身長の偏差	体重(Y)	体重の偏差	身長と体重の偏差の積	身長の2乗	体重の2乗	Yの推定値	Yの推定値の2乗
165	−16.3	52.0	−23.5	382.8	27,225	2,704	58.0	3,365
174	−7.3	75.0	−0.5	3.5	30,276	5,625	67.7	4,577
175	−6.3	65.0	−10.5	66.1	30,625	4,225	68.7	4,723
175	−6.3	64.0	−11.5	72.4	30,625	4,096	68.7	4,723
175	−6.3	70.0	−5.5	34.5	30,625	4,900	68.7	4,723
176	−5.3	73.0	−2.5	13.1	30,976	5,329	69.8	4,871
178	−3.3	80.0	4.5	−14.9	31,684	6,400	71.9	5,175
178	−3.3	79.0	3.5	−11.6	31,684	6,241	71.9	5,175
178	−3.3	67.0	−8.5	28.0	31,684	4,489	71.9	5,175
179	−2.3	76.0	0.5	−1.2	32,041	5,776	73.0	5,330
180	−1.3	71.0	−4.5	5.8	32,400	5,041	74.1	5,488
180	−1.3	73.0	−2.5	3.2	32,400	5,329	74.1	5,488
180	−1.3	66.0	−9.5	12.4	32,400	4,356	74.1	5,488
182	0.7	79.0	3.5	2.4	33,124	6,241	76.2	5,810
186	4.7	90.0	14.5	68.2	34,596	8,100	80.5	6,482
186	4.7	77.0	1.5	7.1	34,596	5,929	80.5	6,482
186	4.7	73.0	−2.5	−11.6	34,596	5,329	80.5	6,482
187	5.7	80.0	4.5	25.8	34,969	6,400	81.6	6,655
188	6.7	87.0	11.5	77.1	35,344	7,569	82.7	6,831
188	6.7	84.0	8.5	57.1	35,344	7,056	82.7	6,831
189	7.7	93.0	17.5	134.8	35,721	8,649	83.7	7,009
190	8.7	78.0	2.5	21.9	36,100	6,084	84.8	7,190
195	13.7	84.0	8.5	116.7	38,025	7,056	90.2	8,127
合計 4170	−0.0	1736	−0.0	1,093.7	757,060	132,924	1,736.0	132,202
平均 181.3		75.5		47.6	32,916	5,779	75.5	5,748
平均の2乗 32,871		5,697					5,697	
分散 44.4		(82.336)	共分散→47.6				分散→ (50.940)	
標準偏差 6.66		9.07						

μx＝181.3　（身長の平均値）
μy＝75.5　（体重の平均値）
σx2＝44.4　（身長の分散）─────→ （2乗の平均−平均の2乗）
σxy＝47.6　（身長と体重の共分散）
r2＝0.618682784
相関係数＝0.786564

141

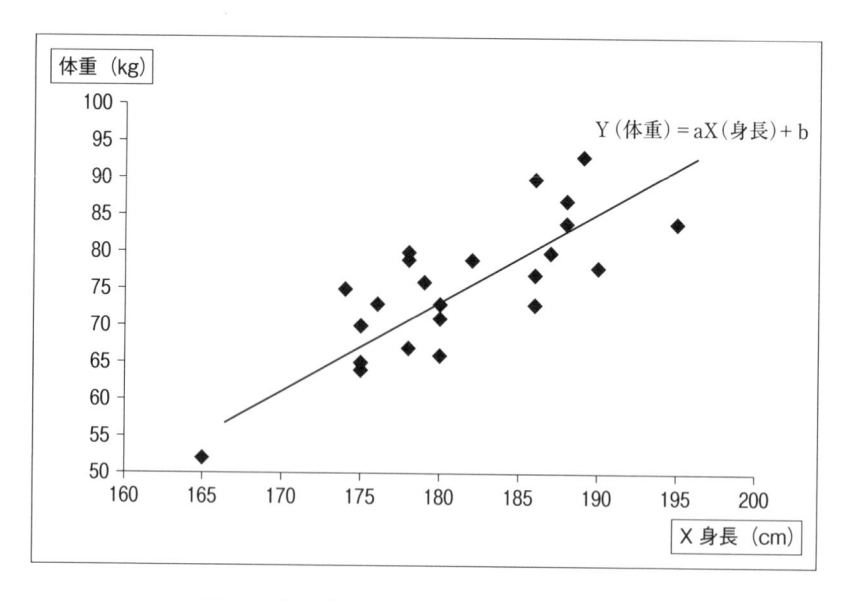

図55　ブラジルの選手の身長と体重の相関図

$$Y - \mu_y = a(X - \mu_x)$$

また、

$$a = \frac{\sigma_{xy}}{\sigma_x^2}$$ なので、

$$Y - \mu_y = \frac{\sigma_{xy}}{\sigma_x^2}(X - \mu_x)$$

となり、この式を分解すると、体重（Y）は下記のようなXの一次関数となります。

$$体重(Y) = \frac{\sigma_{xy}}{\sigma_x^2}(X - \mu_x) + \mu_y = \frac{\sigma_{xy}}{\sigma_x^2}X - \frac{\sigma_{xy}}{\sigma_x^2}\mu_x + \mu_y$$

ブラジルの選手の身長と体重のデータを使って計算すると、上記の関係式より体重Yは以下のような身長Xの一次関数となりました。

$$Y = 1.071X - 118.8$$

$$決定係数（r^2）= \frac{関数Yの推定値の分散}{関数Yの実測値の分散} = \frac{50.940}{82.336} = 0.6186$$

また、決定係数は相関係数0.78656を2乗した値となっています（表33参照）。

図55のグラフから、もし体重の実測値がその推定値と完全に一致している場合は、体重の実測値の分散とその推定値の分散が一致しているので、決定係数は1となります。つまり決定係数は回帰関係の強弱の程度を表す尺度のことで、1に近いほど回帰関係が強いといえます。

3.1.4 確率変数同士の回帰関係

確率変数Yを被説明変数、確率変数Xを説明変数として下記の算式で定義される回帰直線を求めるとき、傾きaはXが1変化した場合のYの変化する値を示しているので、Xに対するYの感応度と解釈できます。

$$Y = aX + b + \varepsilon$$

εは期待値ゼロの確率変数（市場モデル参照）。

たとえば、XをTopixのリターン、Yをトヨタ自動車の株価リターンとした場合、傾きaはトヨタ自動車の株価リターンのTopixのリターンに対する感応度で、もしaが1ならばTopixのリターンが1％変化した場合、トヨタ自動車のリターンも1％変化することになります。仮にaが1.2の場合、トヨタ自動車のリターンはTopixのリターンの1.2倍変化することになり、トヨタ自動車の株価はTopixよりリスクが高いといえそうです。

3.2 CAPMとベータ（β）値

Capital Asset Pricing Model（CAPM：資本資産価格モデル）の理論的考察はファイナンスの専門書等に委ねるとして、本書では、CAPMの統計的な側面に焦点を当てて解説します。

株式Aの期待リターンを$E(r_a)$、市場ポートフォリオmの期待リターンを

$E(r_m)$、リスクフリー・レートをr_fとすると、CAPMは下記の算式により定義されています。

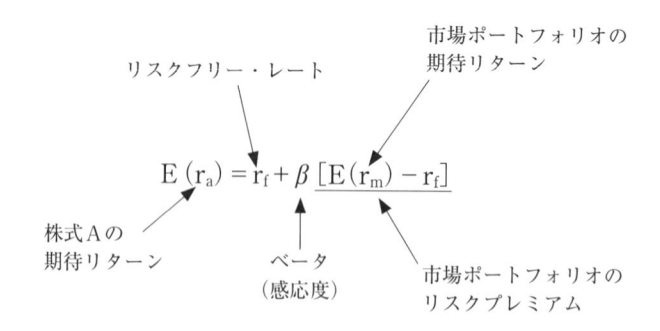

$$E(r_a) = r_f + \beta \,[E(r_m) - r_f]$$

- $E(r_a)$：株式Aの期待リターン
- r_f：リスクフリー・レート
- β：ベータ（感応度）
- $E(r_m)$：市場ポートフォリオの期待リターン
- $[E(r_m) - r_f]$：市場ポートフォリオのリスクプレミアム

　ベータ（β）値とは、資産価格の相対的な変動率を表す尺度でもあり、市場全体のリターンに対する、個別資産のリターンの感応度を示す数値といえます。上記のCAPMの定義式で、市場ポートフォリオの期待リターン$E(r_m)$が1％変化したとき、個別株式の期待リターン$E(r_a)$はβ％変化することを表しています。

　前述の例で、Topixのリターンに対するトヨタ自動車の株価リターンである1.2は、トヨタ自動車の株価リターンのベータ（β）といえます。市場全体が1％変化したときに、対象とする個別株式の株価リターンが何％変化するかを表す数字で、仮に、ベータ（β）値が1.5だとすると、株価リターンが1.5％変動することを意味しています。ベータ（β）値は、企業の利益変動率を反映する指標でもあるので、同じ事業を行っている企業であっても、借り入れ依存度の高い企業は、借り入れ依存度の低い企業より利益変動率は大きくなり、ベータ（β）値も大きくなります。したがって、ベータ（β）値は、企業の事業内容およびレバレッジ度（借り入れ依存度）によっても影響を受けます。ベータ（β）値を統計的に推計する場合、測定期間、データの周期（月足、日足等）の取り方いかんで、推計されるベータ（β）値も変わってきます。一般的には、測定期間10年程度、月次データを利用して推計されているようです。

　市場ポートフォリオの期待リターン$E(r_m)$を説明変数Xとし、株式Aの期待リターン（$E(r_a)$）を被説明変数Yとすると、CAPMの定義式は下記の算

3 回帰分析

株式Aの期待リターン（%）

Y = ⓪.5 X + ① のグラフ

感応度＝傾き＝β

市場ポートフォリオの期待リターン（%）

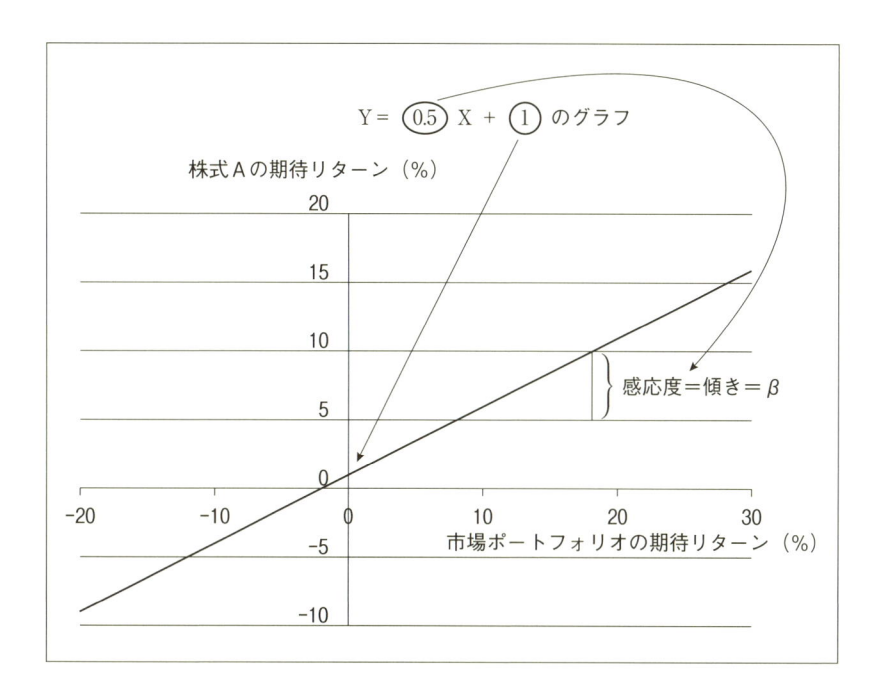

図56　回帰直線の例

式のように書き換えられます。

$$Y = \beta X + r_f(1-\beta)$$

$\beta = 0.5$, $r_f = 2\%$としたグラフにすると図56のようになり、どこかで見たようなグラフになりました。

株式Aのβは下記の算式により定義されています。

$$\beta = \frac{\mathrm{Cov}(r_a, r_m)}{\mathrm{Var}(r_m)}$$

$$= \frac{(r_a と r_m の共分散)}{(r_m の分散)}$$

また、2つの確率変数X，Yの関係度合を表す相関係数r_{xy}が次の算式に従っているので、相関係数を使ってβを求めることもできます。

145

第3章　統計解析

表34　β値を求める

	リターンの標準偏差（年率）	相関係数
Topix（X）	10%	0.8
トヨタ自動車（Y）	15%	

確率変数XとYの相関係数 $= r_{xy} = \dfrac{\sigma_{xy}}{\sigma_x \sigma_y}$

∴　$\sigma_{xy} = r_{xy} \times \sigma_x \sigma_y$
ただし、$\sigma_{xy} = \text{Cov}(x, y) = $ xとyの共分散

上記の関係式を使うとβは次のように書き換えることができます。

$$\beta = \dfrac{r_{am} \sigma_a \sigma_m}{\sigma_m^2} = r_{am} \times \dfrac{\sigma_a}{\sigma_m}$$

$$= 相関係数 \times \dfrac{株式リターンの標準偏差}{市場ポートフォリオのリターンの標準偏差}$$

Topixとトヨタ自動車の例で、表34の統計量が与えられた場合、上記の関係式を使ってβを求めてみましょう。

$$\beta = 0.8 \times 0.15 \div 0.1$$
$$= 1.2$$

上記の結果より、Topixに対するトヨタ自動車のリターンの感応度であるβは1.2となります。Topixのリターンが1％変化すれば、トヨタ自動車のリターンは1.2％変化することを示しています。

3.3　市場モデル（マーケット・モデル）

証券分析でよく用いられる回帰方程式に市場モデルがあります。市場モデルとCAPMの定義式は非常によく似ています。市場モデルのベータは

CAPMのベータと同じ計算式で定義されていますが、市場モデルはCAPMを前提として導き出されたものではありません。統計的に市場ポートフォリオのリターンで証券のリターンを説明しようとする試みの結果、考え出されたモデルです。ここでは市場モデルの要点だけの記述にとどめておきます。詳細についてはファイナンスの解説書等をご参照ください。

　一般的に、市場ポートフォリオのリターンと個別証券のリターンとの関係を統計的に結び付けようとして考え出された市場モデルは、下記の式で表されます。

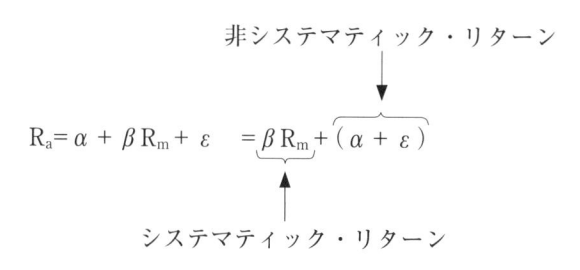

$$R_a = \alpha + \beta R_m + \varepsilon = \underbrace{\beta R_m}_{\text{システマティック・リターン}} + \overbrace{(\alpha + \varepsilon)}^{\text{非システマティック・リターン}}$$

R_a：証券aのリターン（確率変数）
R_m：市場ポートフォリオのリターン（確率変数）
β：証券aのベータ値（定数）
ε：期待値がゼロのエラー・ターム〔誤差項〕（確率変数）
α：定数

R_aの期待値 $= E(\alpha + \beta R_m + \varepsilon) = E(\alpha) + E(\beta R_m) + E(\varepsilon)$
$\qquad\qquad = \alpha + \beta E(R_m)$

R_aの分散 $= Var(\alpha + \beta R_m + \varepsilon) = Var(\beta R_m + \varepsilon)$
$\qquad\qquad = \beta^2 Var(R_m) + 2Cov(R_m, \varepsilon) + Var(\varepsilon)$
$Cov(R_m, \varepsilon)$ はゼロなので、
R_aの分散 $= \beta^2 Var(R_m) + Var(\varepsilon)$

　上記の算式は、証券Aのリスク（トータル・リスク）はシステマティッ

ク・リスク（または市場リスク）と非システマティック・リスク（または非市場リスク）に分解できるということを表しています。

株価リターンの時系列データのような母集団から抽出されたとみなされた標本のデータ間の回帰関係を求める場合、得られた回帰直（曲）線は標本データ間の回帰関係となり、母集団のデータ間の回帰関係の推定値となります。

そのため、その残差を調整する項目として、上記の式のように期待値ゼロの確率変数 ε を加えています。

☞まとめ

- 回帰分析とは、独立変数（X）と従属変数（Y）の間の関係を表す式を統計的手法によって推計する分析方法のことをいう。
- 回帰分析により得られた関数を用いて従属変数（Y）を予測するのに役立てようとするのが、回帰分析の主たる目的である。
- 独立変数（X）は説明変数ともよばれ、YはXによって説明されるので、従属変数（Y）は被説明変数ともよばれる。
- 回帰分析で用いられる関数は、わかりやすく説得力があること、また、数学的に処理が容易であること等が求められる。
- 回帰直線 Y＝aX＋b のパラメーターの a と b は下記の算式に従う。

$$a = \frac{\sigma_{xy}}{\sigma_x^2} \qquad b = \mu_y - a\mu_x$$

- 回帰直（曲）線とサンプルとなるデータとの回帰関係の強弱を表す尺度を決定係数といい、通常 r^2 と表示される。
- 決定係数は以下の式で定義される。

$$決定係数（r^2） = \frac{関数Yの推定値の分散}{関数Yの実測値の分散}$$

- 決定係数は相関係数の2乗の値に等しい。
- 決定係数とは、総変動のうち、統計的に説明できる割合のことを指し、統計的に説明できない部分を残差という。
- 確率変数Xを市場ポートフォリオの期待リターン、確率変数Yを株式Aの期待リターンとすると β は下記の算式に従う。

$$\beta = 相関係数 \times \frac{株式リターンの標準偏差}{市場ポートフォリオのリターンの標準偏差}$$

● 市場モデルを下記の算式で表した場合、証券aのリターンの期待値と分散（リスク）は下記のようになる。

　　$R_a = \alpha + \beta R_m + \varepsilon$

　　　R_a：証券aのリターン（確率変数）
　　　R_m：市場ポートフォリオのリターン（確率変数）
　　　β：証券aのベータ値（定数）
　　　ε：期待値がゼロのエラー・ターム（確率変数）
　　　α：定数

　　R_aの期待値 $= \alpha + \beta E(R_m)$
　　R_aの分散 $= \beta^2 Var(R_m) + Var(\varepsilon)$

● 上記の算式より、証券Aのリスク（トータルリスク（R_aの分散））はシステマティック・リスク（または市場リスク）と非システマティック・リスク（または非市場リスク）に分解できるということを表している。

【練習問題１】

東証株価指数（Topix）と株式Aのリターンを回帰分析し、回帰直線を求めたところ以下の結果となった。これに基づき次の問いに答えなさい。

　Y：株式Aのリターン　（平均３％　標準偏差12％）
　X：Topixのリターン　（平均５％　標準偏差15％）

　Y ＝ 0.4X＋b

① 　株式AとTopixのリターンの相関係数を求めなさい。
② 　回帰直線の決定係数を求めなさい。
③ 　bの値を求めなさい。
④ 　回帰直線を使い、１年後のTopixのリターンが何％以上ならば、株式Xのリターンを上回ると考えられるか答えなさい。答えはパーセントの小数点以下２桁目を四捨五入しなさい。

149

第3章　統計解析

【練習問題２】

　市場モデルを使って、以下に掲げる証券について次の問いに答えなさい。

	ベータ	非市場リスク (標準偏差、年率)	市場リスク (標準偏差、年率)
株式A	−0.5	10%	X
株式B	1.2	50%	Y
市場ポートフォリオ	1		20%

① 　株式Bの市場リスクYを求めなさい。
② 　株式Aのトータルリスク（標準偏差、年率）を求めなさい。答えはパーセントの小数点以下2桁目を四捨五入すること。
③ 　株式Aのリターンと市場ポートフォリオのリターンとの相関係数を求めなさい。答えは小数点以下3桁目を四捨五入すること。

4　時間と期待値・分散・標準偏差の関係

　確率分布の例（p.96）で、日経平均株価のリターン（株価収益率）を確率変数とし、その確率分布は正規分布に従うと仮定した場合、日経平均株価が現在20,000円、1年後の期待リターン（年率）を2%、リターンの標準偏差を15%と仮定したときの日経平均株価の1年後の予想分布は図57のようでした。

　次に、2年後の期待リターンと標準偏差を考えてみましょう。

　年次1の日経平均株価のリターンを確率変数X1、年次2の日経平均株価のリターンを確率変数X2とし、年次1の日経平均株価のリターンと年次2の日経平均株価のリターンは互いに独立であると仮定します。

　2種類の証券X，Yからなるポートフォリオのリターンと標準偏差を考える場合、そのリターンと分散、標準偏差は下記の式に従っていました。

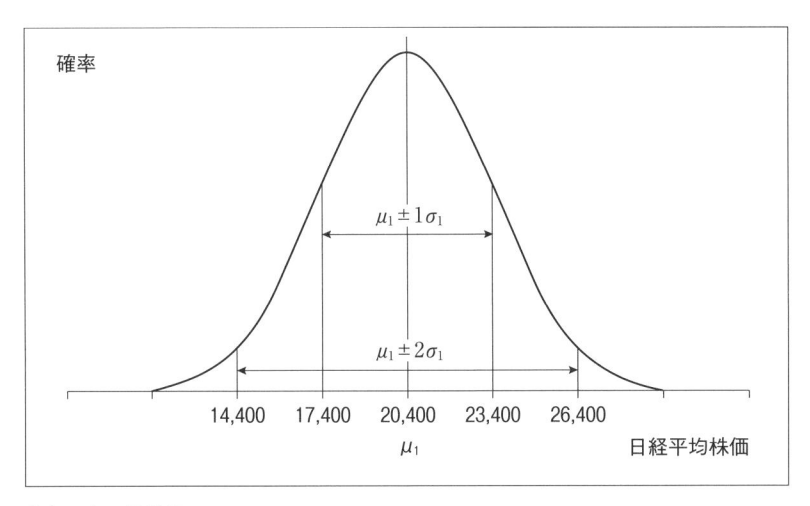

4　時間と期待値・分散・標準偏差の関係

期初日経平均株価：20,000円
1年後の日経平均株価

	$\mu_1-2\sigma_1$	$\mu_1-\sigma_1$	μ_1	$\mu_1+\sigma_1$	$\mu_1+2\sigma_1$
リターン（％）（確率変数）	−28.00%	−13.00%	2%	17.00%	32.00%
変動額（円）	−5,600	−2,600	400	3,400	6,400
予想日経平均株価（円）	14,400	17,400	20,400	23,400	26,400

図57　1年後の予想日経平均株価

① 確率変数XとYが独立でない場合

確率変数の和の期待値

$$E(X+Y) = E(X) + E(Y)$$

確率変数の和の分散

$$Var(X+Y) = Var(X) + Var(Y) + 2Cov(X, Y)$$

② 確率変数XとYが独立の場合

確率変数の和の期待値

$$E(X+Y) = E(X) + E(Y)$$

確率変数の和の分散

　　　$Cov(X, Y)$はゼロとなるので、

$$Var(X+Y) = Var(X) + Var(Y)$$

第3章　統計解析

となっていました。

　上記の公式は、異なる資産へ分散投資した場合のリターンと分散を求める際に用いましたが、同じような考え方で、同じ資産に継続的に投資した場合、異なる期間への分散投資ととらえることで、統計学的には同じ公式を使って時間分散した場合のリターンと分散、標準偏差を求めることができます。

　2年間のリターンを確率変数X、1年目のリターンをX1、2年目のリターンをX2、また期間ごとのリターンは互いに独立だとすると、
$$X = X1 + X2$$
となり、その期待値は、
$$E(X) = E(X1 + X2) = E(X1) + E(X2) = 2\% \times 2 = 4\%$$
となります。また、分数は、
$$Var(X) = Var(X1 + X2) = Var(X1) + Var(X2)$$
$$= 15\%^2 \times 2$$
となり、その標準値は、
$$\sigma_2 = 15\% \times \sqrt{2} \fallingdotseq 21.21\%$$
となり、日経平均株価の2年後の予想分布は図58のようになります。

　一般的に、株価の期待リターン（μ）とリターンの標準偏差（σ）が年率で表示され、n年間一定で、各期間ごとのリターンは独立していると仮定した場合、n年後の期待リターン、分散、標準偏差は下記の算式のようになります。

　　n年後の期待リターン $= \mu \times n$
　　n年後の分散 $= \sigma^2 \times n$
　　n年後の標準偏差 $= \sigma \times \sqrt{n}$

　これをさらに発展させると、nか月後の期待リターン、分散、標準偏差は次の算式で求められます。

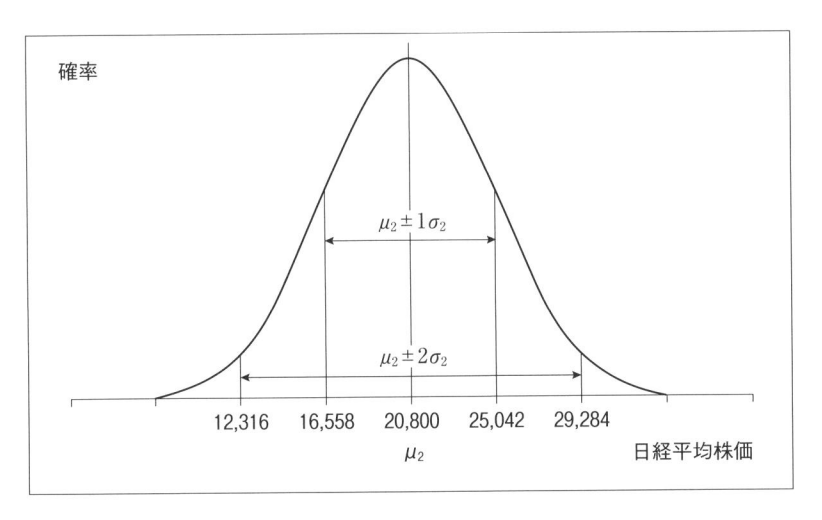

4 時間と期待値・分散・標準偏差の関係

期初日経平均株価：20,000円
2年後の日経平均株価

	$\mu_2 - 2\sigma_2$	$\mu_2 - \sigma_2$	μ_2	$\mu_2 + \sigma_2$	$\mu_2 + 2\sigma_2$
リターン（％）（確率変数）	−38.42%	−17.21%	4%	25.21%	46.42%
変動額（円）	−7,684	−3,442	800	5,042	9,284
予想日経平均株価（円）	12,316	16,558	20,800	25,042	29,284

図58　2年後の予想日経平均株価

$$n \text{ヶ月後の期待リターン} = \mu \times \frac{12}{n}$$

$$n \text{ヶ月後の分散} = \sigma^2 \times \frac{12}{n}$$

$$n \text{ヶ月後の標準偏差} = \sigma \times \sqrt{\frac{12}{n}}$$

更に1年を250営業日と考えると、n営業日後の期待リターン、分散、標準偏差は次の算式で求められます。

$$n \text{営業日後の期待リターン} = \mu \times \frac{n}{250}$$

n営業日後の分散 $= \sigma^2 \times \dfrac{n}{250}$

n営業日後の標準偏差 $= \sigma \times \sqrt{\dfrac{n}{250}}$

☞まとめ

- 時間軸に対して垂直なデータの和に関する期待値と分散・標準偏差の特性は時間軸に対して水平なデータの和に対しても適用できる。
- つまり、異なる資産へ分散投資した場合の下記に掲げるリターンと分散の特性は、同じ資産に時間分散して投資する場合にも当てはまる。

  確率変数の和の期待値
  E(X+Y)＝E(X)＋E(Y)

  確率変数の和の分散
  Var(X+Y)＝Var(X)＋Var(Y)＋2Cov(X,Y)

- 確率変数Xの異なる期間ごとのリターンが互いに独立で、期間ごとのリターンと分散が一定だとすると、確率変数 X_t と X_{t+1} の期待値と分散は下記のようになる。

  E(X_t＋X_{t+1})＝E(X_t)＋E(X_{t+1})＝2E(X_t)
  Var(X_t＋X_{t+1})＝Var(X_t)＋Var(X_{t+1})＝2Var(X_t)

- 株価はランダムに変動するという大前提のもとでは、株価の期待リターン（μ）とリターンの標準偏差（σ）が年率で表示され、かつn年間一定であると仮定した場合、n年後の期待リターン、分散、標準偏差は下記の算式のようになる。

  n年後の期待リターン $= \mu \times n$
  n年後の分散 $= \sigma^2 \times n$
  n年後の標準偏差 $= \sigma \times \sqrt{n}$

【練習問題】

XXXX年４月１日のTopixが1,000とした場合、次の質問に答えなさい。ただし、Topixはランダムに変動し（異なった期間ごとのリターンは独立）、期中の配当はないものとする。また、Topixの期待リターン（μ）とリターンの標準偏差（σ）は期中一定で１年間の総営業日数は250日と仮定する。

① Topixの期待リターンが2％（年率）、標準偏差（σ）が10％（年率）とした場合、XXXX年6月30日のTopixの期待値（μ）と$\mu \pm 1\sigma$の価格帯を求めなさい。ただし、XXXX年4月1日から6月30日までの営業日数は60日とし、Topixの値は小数点以下1桁目を四捨五入する。

② Topixの期待リターンが0％（年率）、標準偏差（σ）が10％（年率）の場合、何営業日後にTopixの期待値＋2σの値が1,120となるのか答えなさい。

5　推　定

5.1　推定とは

　推定とは、集められた限られたデータから、全体像の状況を推し量ることです。たとえば、テレビの視聴率はテレビを見ている人全員の視聴率ではなく、限られた数の人の視聴率を調べ、そこから全員の視聴率を推測したものです。多くの人はあたかも全員の視聴率のごとく受け止めているかもしれないので、推定のからくりを理解することは日常生活にも役立つはずです。
　では、過去の株価の変化率をもとに将来の株価を予測することは、統計学上の推定に相当するのでしょうか。
　まず、「株価の母集団という概念を想像できるでしょうか」という疑問に遭遇します。株価の変動率という過去のデータの母集団とは何でしょう。
　株価リターンのような時間軸に対して水平に収集された、いわゆる時系列データの母集団を明確に定義づけるのは容易ではありません。過去のデータはあくまで過去のデータの母集団の一部と考えるのか、あるいは将来も含めた母集団の一部と考えるのかで分析方法が異なります。また、過去のデータを使って正確に母集団の株価収益率が推定できたとしても、それが将来も同じように続くとは限りません。
　証券分析をする上で最大の関心事は将来の金融資産の価格変動です。それ

第3章　統計解析

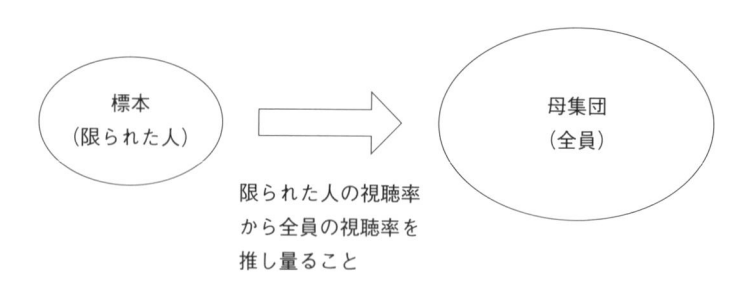

標本
(限られた人)

母集団
(全員)

限られた人の視聴率
から全員の視聴率を
推し量ること

図59　視聴率の推定（イメージ）

を的確に予測するには過去のデータの母集団の統計量を正確に推計することではなく、将来高い確率で起こりうる統計量を推測することにあります。株価収益率、β、ボラティリティ等は過去の時系列データを使って推計しますが、データの収集期間や個々のデータの時間的間隔の違いにより推計される値が大きく異なってくる場合もあります。どのようにデータの収集期間や個々のデータの時間的間隔を決めればいいのかについては正解がありません。

　このように、証券分析をするうえでは単純に母集団の統計量を推測することはあまり重要ではないように思われますが、推定の考え方は証券分析に応用できるので、ここでは推定の基本的な考え方を学んでください。

　母集団からサンプリングしたデータをもとに、「母集団はおそらくこういう姿をしているであろう」と推測する作業が推定です。したがって、母集団から一部を取り出したデータをもとに断定的に「母集団の姿はこうだ」と言うには、それなりの根拠がなければなりません。常識的に考えて、推定値には誤差が生じるため、真の姿をぴたりと当てることは困難極まりない作業です。それゆえ、予測値に幅を持たせて、推定値±αというような表示をする場合があります。たとえば15％～18％の視聴率というようなものです。しかし、推定値の幅が広くなってしまうと、あまり役に立たなくなってしまいます。たとえば、現在の日経平均株価が2万円として、1年後の予想日経平均株価は1万円から3万円と推定しても情報としての価値があまりありません。逆に推定値の幅を小さくするとそこからはずれる可能性が高まります。

5 推　定

　そこで、一定の確率をもって推定の範囲を定める方法が一般的です。95％、99％等の確率で推定値の幅を決める方法が一般的といえます。このような確率を伴って推定値の幅を推定する方法を区間推定といいます。また、確率的に表示される区間のことを信頼区間といい、その信頼区間に母集団の統計量が収まる確率のことを信頼係数または信頼度と呼びます。

　一方、推定する数値に幅をもたせず、単一の数値で推定する方法を点推定といいます。点推定で、標本から母集団の性質を正確に推定するには標本数を相当多くしないと難しいのですが、一般受けしやすく理解しやすいので、日常的に使われるのは点推定が多いといえそうです。たとえば、テレビの視聴率や世論調査等では点推定で表すのが一般的です。

　結局、推定の作業は図60のようなイメージになります（テレビの視聴率の推定作業のイメージ図）。

標本
（限られた人）

母集団
（全員）

母集団から一部を選んで母集団のレプリカとなる標本を作る

標本の統計量から、母集団はこうだと推測する

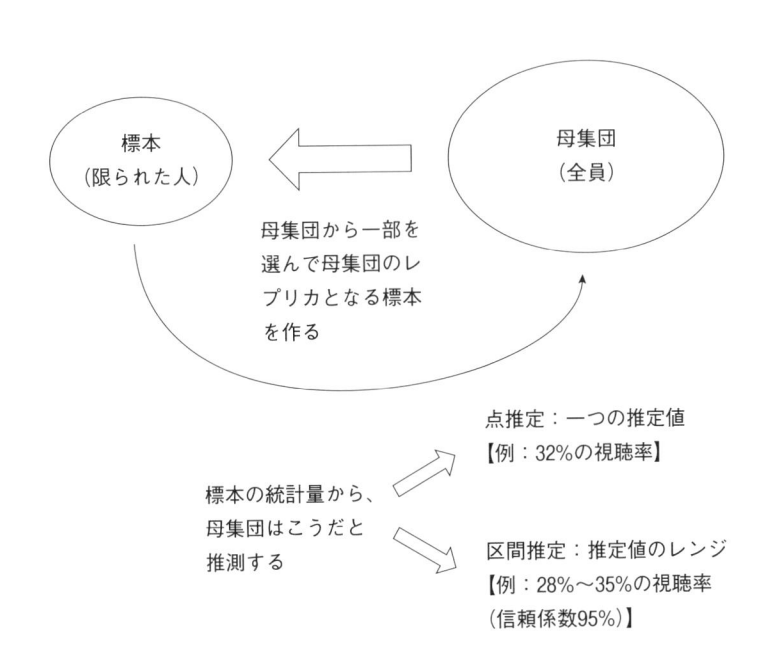

点推定：一つの推定値
【例：32％の視聴率】

区間推定：推定値のレンジ
【例：28％〜35％の視聴率
（信頼係数95％）】

図60　視聴率の推定

5.2 母平均の推定

母集団の統計量を推定することが求められる場合、母平均の推定を求められる場合が多く見うけられます。たとえば、自動車の燃費、中年男性の体脂肪率、世帯収入等です。

ここでは、標本統計量を使って母平均を区間推定する方法を考え、標本統計量から母集団の統計量を推定する考え方を解説します。

一般的に、母平均を区間推定する場合、母平均の信頼区間は下記の算式より求めることができます。

$$\mu_s - \alpha \frac{\sigma}{\sqrt{n}} \leq \mu_m \leq \mu_s + \alpha \frac{\sigma}{\sqrt{n}}$$

μ_s = 標本平均

μ_m = 母平均

σ = 母標準偏差または不偏標準偏差

n = データ数

α = 標準正規分布表又はt分布表から得られる値

$\frac{\sigma}{\sqrt{n}}$ のことを標準誤差といい、推定や検定においてよく用いられる用語です。

① 母分散がわかっている場合

標準正規分布は図61のグラフのような分布をしていました。ここで、Zが平均μ(=0)をはさんで95%の確率をもって収まっている値の範囲は、概算的には$\mu \pm 2$の範囲でしたが、より正確には$\mu \pm 1.96$の範囲なので、この関係から東京都の35歳男性の平均体重を推定する作業を考えます。母集団となる35歳男性の数は東京都の資料によると10万人程度と思われます。ここから無作為に1,000人を抽出し標本とします。過去の統計から、母集団を構成する男性の体重は、標準偏差が5kgで正規分布に従うことがわかっていると仮定します。この場合、標本の平均体重

5 推 定

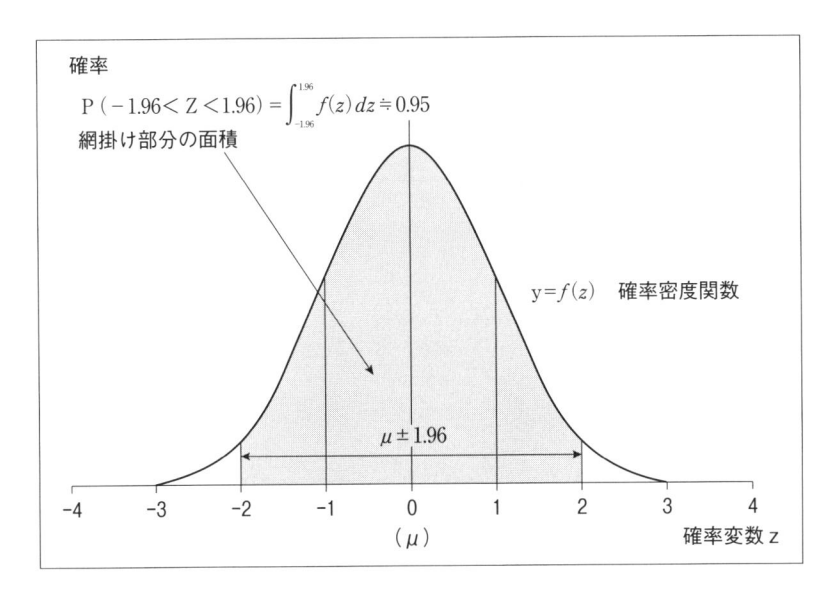

確率

$$P(-1.96 < Z < 1.96) = \int_{-1.96}^{1.96} f(z)\,dz \fallingdotseq 0.95$$

網掛け部分の面積

$y = f(z)$　確率密度関数

$\mu \pm 1.96$

(μ)　　　　　　確率変数 z

図61　標準正規分布

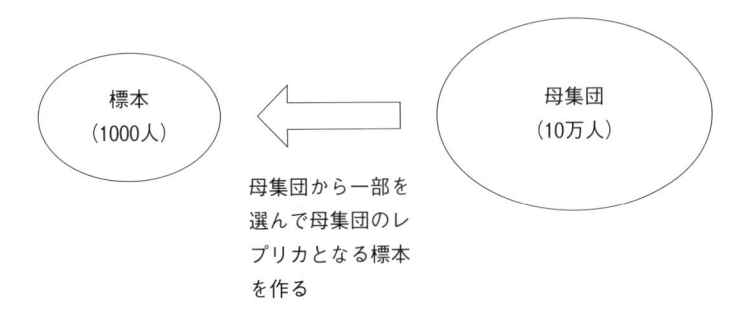

標本（1000人）　⇐　母集団（10万人）

母集団から一部を選んで母集団のレプリカとなる標本を作る

図62　東京都の35歳男性の体重の推定

が60kgだとすると、母平均 μ の信頼度95％の信頼区間は下記の算式のようになります。

$$60 - 1.96 \times 5 \div \sqrt{1{,}000} < \mu < 60 + 1.96 \times 5 \div \sqrt{1{,}000}$$

これを解いて

$$59.69 < \mu < 60.31$$

となります。

　上記のように、母分散が既知の場合は、比較的容易に母平均を推定することができますが、現実的には母分散が既知の場合はあまりないといえます。

② 母分散がわかっていない場合

　母分散がわかっていない場合は、母分散の代わりに母分散の推定値を求めれば、p.158の算式に従って母平均を推定できます。

　標本のデータ数nが十分大きい場合は、母分散と標本分散はほとんど差がないので、標本分散を使って母平均を推定することができます。しかし、標本のデータ数nが十分大きくない場合は、別の方法を考えなければなりません。そこで役立つのが不偏推定量という概念です。

不偏推定量

　母集団から標本を抽出した場合、得られた標本統計量は抽出するたびに異なった値をとります。しかし、数多く復元抽出を繰り返すと、得られた標本統計量の平均値は母集団の統計量に限りなく近づき、その期待値は母集団の統計量に等しくなります。期待値が母集団の統計量に等しくなるような統計量を不偏推定量といいます。

不偏推定量がわかれば、母集団の統計量を推計することができるので、不偏推定量をさらに詳しく調べてみることにしましょう。

「母集団と標本」のところで母集団と標本の統計量には下記の①②関係があることを解説しました。

① 標本平均の期待値 $= E(\bar{X}) = \mu_m$

② 標本分散の期待値 $= E(\sigma^2) = \dfrac{n-1}{n} \sigma_m^2$

5　推　定

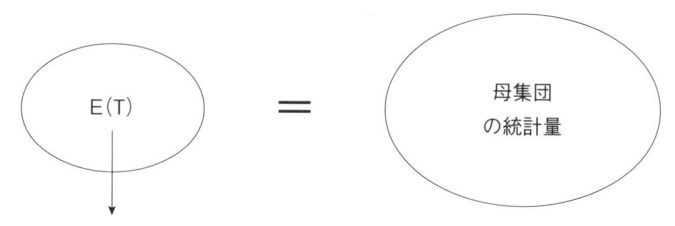

```
        ┌─────────┐          ┌─────────┐
        │         │          │  母集団  │
        │  E(T)   │    =     │         │
        │         │          │ の統計量 │
        └────┬────┘          └─────────┘
             │
             ▼
```
期待値が母集団の統計量に等しくなるような統計量Ｔのことを不偏推定量という

図63　不偏推定量の概念

ただし、μ_m は母平均、σ_m^2 は母分散

上記の関係式は標本統計量から見た母集団との関係ですが、視点を変え、母集団から見た標本統計量との関係式に書き換えると下記のようになります。

① 　$\mu_m = E(\bar{X})$
② 　$\sigma_m^2 = \dfrac{n}{n-1} E(\sigma^2) = E(\dfrac{n}{n-1} \sigma^2)$

中にいれる

上記の関係より、不偏推定量の定義に従えば、母平均と母分散の不偏推定量は次のようになります。

① 　母平均の不偏推定量（不偏平均）＝標本平均
② 　母分散の不偏推定量（不偏分散）＝ $\dfrac{n}{n-1}$ 標本分散

$$= \dfrac{標本の偏差の2乗の総和}{n-1}$$

金融商品等の時系列データから標準偏差を求める場合は、母分散が未知なので上記の不偏推定量を使うのが一般的です。

上記②の式をみると、標本数ｎが大きければ、標本分散で不偏分散を近似

第3章　統計解析

しても現実的には十分使えることが想像できます。ちなみに、nが100であれば標本分散と不偏分散の差は1％であり、nが500あればその差はさらに縮まり0.2％となります。nが1,000あれば両者の差はわずか0.1％となるので、一般的には標本のデータ数が数百以上であれば、標本分散を不偏分散とみなして母分散を推計してもほとんど差支えないことがわかります。先ほどの平均体重の推定の例を使って検証してみましょう。

東京都の35歳男性の平均体重を推定するのに、1,000人の標本を抽出し、標本の不偏分散を使って母平均を推計してみましょう。仮に、標本の平均体重は60kgで、標準偏差が5kg（母分散と同じと仮定）とした場合、不偏分散は下記のようになります。

$$\text{不偏分散} = \frac{n}{n-1} \text{標本分散} = \frac{1{,}000}{999} \times 5^2$$

$$\therefore \quad \text{不偏標準偏差} = \sqrt{\frac{1{,}000}{999}} \times 5 = 1.0005 \times 5 = 5.0025$$

∴　母平均 μ の信頼度95％の信頼区間は下記の算式のようになります。

$$60 - 1.96 \times 5.0025 \div \sqrt{1{,}000} < \mu < 60 + 1.96 \times 5.0025 \div \sqrt{1{,}000}$$

これを解いて　　　　　　　　　$59.69 < \mu < 60.31$
となります。

　この結果は上述の母分散が既知の場合と小数点以下2桁までの数値では同じ値となり、概算値としては極めて精度の高い数値であることがわかります。

　しかし、標本数が少ない場合は標本分散と不偏分散の差が大きくなり、標本分散で不偏分散を近似することはできません。

　次の簡単な例を使って、標本数が少ない場合の不偏分散、標本分散、母分散の関係を調べてみましょう。

　母集団が3個の1、2、3と書かれた玉からなるくじ箱と仮定し、そのく

5　推　　定

じ箱から復元抽出法で2つの玉を引くことを考えます。

最初に引いた玉をX1とし、次に引いた玉をX2とします。2つの玉の組合せは図64の標本のようになり、9通りの組合せが考えられそれぞれ同じ確率で起こりえます。

標本
（2個の玉の考えられる組合せ）

	X1	X2
標本1	1	1
標本2	1	2
標本3	1	3
標本4	2	1
標本5	2	2
標本6	2	3
標本7	3	1
標本8	3	2
標本9	3	3

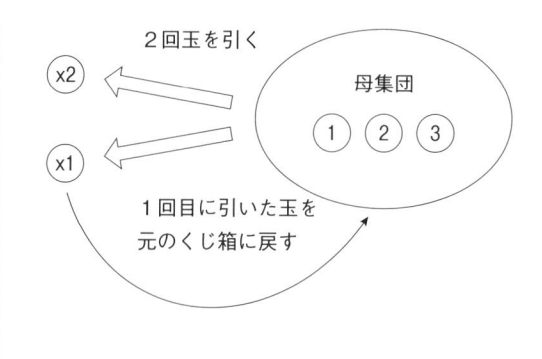

図64　くじ引き－復元抽出法

この母集団の平均と分散および不偏分散は、下記のように計算されます。

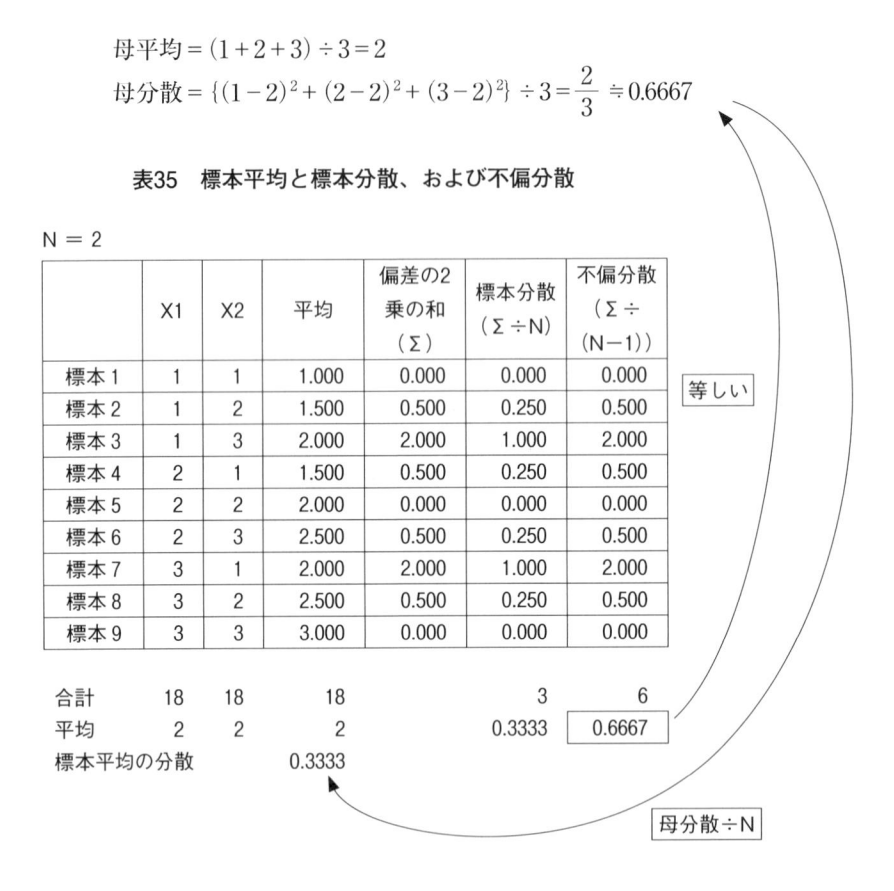

$$母平均 = (1+2+3) \div 3 = 2$$
$$母分散 = \{(1-2)^2 + (2-2)^2 + (3-2)^2\} \div 3 = \frac{2}{3} \fallingdotseq 0.6667$$

表35　標本平均と標本分散、および不偏分散

N＝2

	X1	X2	平均	偏差の2乗の和（Σ）	標本分散（Σ÷N）	不偏分散（Σ÷(N−1)）
標本1	1	1	1.000	0.000	0.000	0.000
標本2	1	2	1.500	0.500	0.250	0.500
標本3	1	3	2.000	2.000	1.000	2.000
標本4	2	1	1.500	0.500	0.250	0.500
標本5	2	2	2.000	0.000	0.000	0.000
標本6	2	3	2.500	0.500	0.250	0.500
標本7	3	1	2.000	2.000	1.000	2.000
標本8	3	2	2.500	0.500	0.250	0.500
標本9	3	3	3.000	0.000	0.000	0.000

合計　　　　18　18　18　　　　　　　　3　　　6
平均　　　　 2　 2　 2　　　　　　 0.3333　0.6667
標本平均の分散　　0.3333

等しい

母分散÷N

この例のように、標本数が少ない場合は、標本分散と不偏分散との間に大きな差異が生じます。また、正規分布を使って母平均を推定すると推定の精度が悪くなるので、ｔ分布を使って推計します。一般的に、標本数ｎが30以下の場合はｔ分布を使います。

次の例を考えてみましょう。モデルチェンジされた新しい車の燃費を調べるため5台の車を生産ラインから抽出し、テストコースで燃費の計測をしたところ、表36のような結果になりました。

表36　サンプル調査した自動車の燃費

	燃費（km/l）
A	24.5
B	26.2
C	25.5
D	25.7
E	25.2

標本平均　　　　　　　25.42
標本分散　　　　　　　0.3176
　　　　　　　　　　　　　　　　0.3176×5÷4
不偏分散　　　　　　　0.3970
不偏標準偏差　　　　　0.6301

　この例では標本数が少ないので、標本分布は自由度4(5-1)のt分布に従うと仮定した方が、より精度の高い推定ができます。
　t分布の確率分布表（p.190参照）より、母平均μの信頼度95％の信頼区間は下記の算式のようになります。

$$25.42 - 2.776 \times 0.6301 \div \sqrt{5} < \mu < 25.42 + 2.776 \times 0.6301 \div \sqrt{5}$$

これを解いて　　　　　　　$24.64 < \mu < 26.20$
となります。

5.3　母比率の推定

　母集団の統計量を推定することが求められる場合、母比率を推定する場合が最も多いかもしれません。母比率とは、母集団の中で特定の性質を持つものの比率をいい、たとえば、政党支持率、テレビの視聴率、生産ライン上の製品の不良品比率等があげられます。ただ証券分析においてはあまり使われることもなく、母平均の推定作業に準じて行えるので、母比率を区間推定する考え方だけを下記に簡単に箇条書きします。
　① 母比率pをもった母集団から抽出される標本に含まれる特定の性質を持つデータの個数の分布は二項分布に従います。イチロー選手が打つヒ

第3章　統計解析

ットの本数の例を思い出してください。
② 標本の個体の数が十分大きい場合、二項分布は正規分布で近似できます。
③ 標本の個体の数をn、標本比率をp̄とすると、標本平均はnp̄、標本標準偏差は$\sqrt{n\bar{p}(1-\bar{p})}$となり、nが十分大きい場合標準正規分布表を使って、与えられた信頼度の母平均の信頼区間が算出されます。
④ 母平均の信頼区間が算出されれば、次に標本数nで母平均の信頼区間を割り算することで母比率が推定できます。

標本のサイズnが十分大きい時、どのような母集団についても、母比率pの信頼区間は下記の算式で求められます。

$$\bar{p} - 1.96 \times \sqrt{\frac{\bar{p}(1-\bar{p})}{n}} \leq p \leq \bar{p} + 1.96 \times \sqrt{\frac{\bar{p}(1-\bar{p})}{n}} \quad (信頼度95\%)$$

$$\bar{p} - 2.58 \times \sqrt{\frac{\bar{p}(1-\bar{p})}{n}} \leq p \leq \bar{p} + 2.58 \times \sqrt{\frac{\bar{p}(1-\bar{p})}{n}} \quad (信頼度99\%)$$

　　n：標本サイズ
　　p̄：標本比率
　　p：母比率

☞まとめ
- 推定とは集められた限られたデータから、全体像の状況を推し量ることである。
- 推定には、1つの数値をもって推定する点推定と、推定値の幅を表示する区間推定がある。
- 点推定は一般受けしやすく理解しやすいが、はずれる確率が高い。
- 区間推定は確率を伴っているが、判断材料として使いづらい場合もある。
- 区間推定において、確率的に表示される区間のことを信頼区間という。

- 信頼区間に母集団の統計量が収まる確率のことを信頼係数または信頼度という。
- 母平均がわからない場合、標本平均を用いて母平均を推定することができるが、母分散が未知の場合では、標本サイズによって推定方法が異なる。
- 正規分布に従う母集団について、標本のサイズが30以上で母分散が既知の場合、母平均μの信頼度95％の信頼区間は標準正規分布表を使い、下記の算式で計算される。

$$\bar{X} - 1.96 \times \frac{\sigma}{\sqrt{n}} \leq \mu \leq \bar{X} + 1.96 \times \frac{\sigma}{\sqrt{n}}$$

  n：標本サイズ
  $\bar{X}$：標本平均
  σ：母標準偏差

- どのような母集団についても、標本のサイズが十分大きい場合は標本平均の分布は正規分布とみなすことができ、母分散は標本分散で近似できるので、母平均μの信頼度95％の信頼区間は標準正規分布表を使い、下記の算式で計算される。

$$\bar{X} - 1.96 \times \frac{s}{\sqrt{n}} \leq \mu \leq \bar{X} + 1.96 \times \frac{s}{\sqrt{n}}$$

  n：標本サイズ
  $\bar{X}$：標本平均
  s：標本標準偏差

- 期待値が母集団の統計量に等しくなるような統計量のことを不偏推定量といい、母分散が未知の場合は不偏分散を使って母平均を推定することで、推定の精度を高めることができる。
- 母平均と母分散の不偏推定量は下記のようになる。
  ①母平均の不偏推定量（不偏平均）＝標本平均
  ②母分散の不偏推定量（不偏分散）＝$\frac{n}{n-1}$標本分散
- 正規分布に従う母集団でも、標本のサイズが30未満の場合、標準正規分布表ではなくt分布表を使って母平均を推計する。母分散が未知の場合、母平均μの信頼度95％の信頼区間は下記の算式で計算される。

$$\bar{X} - t_{n-1}(0.025) \times \frac{U}{\sqrt{n}} \leq \mu \leq \bar{X} + t_{n-1}(0.025) \times \frac{U}{\sqrt{n}}$$

$$U = \sqrt{\frac{n}{n-1}} \, s$$

n：標本サイズ
X̄：標本平均
s：標本標準偏差
U：不偏標準偏差
$t_{n-1}(0.025)$：t分布のパーセント点

- 母比率の推定は、二項分布の平均と標準偏差の特性を使って、母平均の推定作業に準じて行うことができる。

【練習問題1】

会員数5万人のジムでBMI（肥満度を表す尺度）を測定するため、無作為に一定数の会員を選んで調べることにした。これに関して、次の問いに答えなさい。答えはすべて小数点以下2桁目を四捨五入すること（④を除く）。

① 100人を選んで調べたところ、平均BMIは20であった。過去の調査では全会員のBMIの標準偏差は1であり、今現在も変わりはないと考えられている。このジムに通う会員の平均BMIを信頼度99％で推定しなさい。なお、BMIの分布は正規分布に従うと考えられる。

② 26人を選んで調べたところ、BMIの平均は20で標準偏差は1であった。BMIに対する調査は今回が初めてであり、このジムに通う会員の平均BMIを信頼度95％で推定しなさい。なお、BMIの分布は正規分布に従うと考えられる。

③ 900人を選んで調べたところ、平均BMIは20であった。このジムに通う会員の平均BMIを信頼度95％で推定しなさい。BMIの分布の様子は不明である。

④ 信頼度95％で平均BMIの信頼区間の幅を0.5以内にするためには、抽出会員数を約何人以上必要とするのか計算しなさい。答えは1の位の数値を切り上げること。ただし、会員のBMIの分布は正規分布に従い、その標準偏差は1.5と仮定する。

【練習問題２】
　政党Ａの支持率を調べるため全国の有権者1,000人を無作為に抽出したところ、200人が政党Ａを支持していることがわかった。政党Ａの支持率を信頼度95％で推定しなさい。答えはパーセントの小数点以下１桁目を四捨五入すること。

6　検　　定

　統計学でいう検定とは、証明したい仮説が正しいかどうかを確率的に判断する作業であり、前述の「推定」の作業の逆バージョンのようなイメージです。言い方をかえれば、あらかじめ仮定した母集団の状況が、その標本から判断して確率的に正しそうであるかどうかを調べるような作業です。算術的には、母集団の特徴（たとえば母平均）と標本の特徴（たとえば標本平均）の差が、その標準誤差に対して何倍になっているかを見て、それが確率的にどれぐらいありえないかで仮説が正しいかどうかを判断するような作業です。たとえば、証券Ａのリターンは一般的に５％だと言われている場合において過去２年間の日次リターンを調べてみると平均７％で、標準偏差は15％であったと仮定します。この場合、母平均は５％で標本平均は７％なので、その差の２％は標本の標準偏差15％をもとに計算して確率的にめったに起こりえない水準（例えば５％または１％以下）になっているかで、母平均の５％が正しいかどうかを判断するような作業です。仮説検定の作業は、ある命題を証明するとき、その命題を直接的に証明するのではなく、その命題を否定すれば矛盾が生じることを示し、それによって、もとの命題が成り立つと結論づける方法を用いています。このような論法のことを背理法といい、統計的仮説検定は背理法によく似ています。なぜ、このような回りくどい方法によるのかというと、この方が簡単に証明できる場合があるからです。
　たとえが悪いかもしれませんが、裁判でたとえると、検察側が被告人を、有罪としうる証拠を見つけるのが難しい場合に、有罪となりうる証拠を検証するのではなく、無罪であるための証拠に矛盾が生じることを示して被告人

を有罪に導くような論法です。イメージ的にはこれとよく似た作業です。

検定作業においては、「帰無仮説」「対立仮説」「棄却域」「有意水準」というような難しい統計用語が羅列されます。これは裁判における法律用語のようなものです。検察側が容疑者を有罪に導くために証拠を検証する方法のようなものです。

6.1 帰無仮説と対立仮説

仮説検定の作業で、まず最初にしなければならないことは、仮説を立てることです。前述の裁判の例では、検察側は「被告人は有罪である」という仮説を証明したいはずです。これを証明するために、背理法により、「被告人は無罪である」という仮説を立て、これを否定する作業に取り掛かります。無罪であるという仮説が否定されれば、検察側は有罪を導くことができます。「帰無仮説」とは、否定されることを期待した仮説のことをいいます。裏を返せば、主張したい仮説（今の場合、「被告人は有罪である」という仮説）の反対の仮説に当たります。英語で「帰無仮説」のことをnull hypothesisといい、nullとは「無価値」「ゼロ」という意味があります。否定されて仮説が無価値、すなわち無意味になることを期待した仮説といえます。

一方、「対立仮説」とは「帰無仮説」とは反対に、主張したい仮説のことで、裁判の例では「被告人は有罪である」という仮説です。統計的仮説検定は背理法によっているので、主張したい仮説と仮説の名前が逆になっています。対立仮説といえば、主張したい仮説と対立しているような錯覚に陥りますが、それは背理法のためです。一般的に帰無仮説のことをH_0、対立仮説のことをH_1と表記します。

6.2 有意水準と棄却域

検定作業は確率的に判断するので、その判断基準として確率的に納得のいく水準をあらかじめ決めておく必要があります。その基準となる水準のことを「有意水準」（危険率ともいう）といい、その判断の境界となる値は一般的にαで表示されることが多いです。有意水準からはみ出た領域のことを

「棄却域」といい、帰無仮説が退けられる領域のことです。ちなみに有意水準は、5％または1％の値が用いられることが一般的です。確率が5％または1％以下になる領域であり、めったに起こることがない領域なので、標本の統計量がこの領域に入れば「ウソでしょう」ということになります。そうすると、帰無仮説が否定され、やはり主張が正しかったのだという結果になります。有意水準からはみ出なかった領域のことを「採択域」といい、これは帰無仮説が採択される領域のことです。ただし、帰無仮説が採択された場合でも、帰無仮説が正しいという判断になるのではなく結論保留ということになるので要注意です。

6.3　両側検定と片側検定

　検定作業には両側検定と片側検定があり、確率分布上での両側の検定を行う検定方法と、片方のみの検定を行う方法があります。両側検定とは、例えば食料品の袋に表示してあるグラム数が間違っている（過大か過小かは問題としない）ことを検証するような作業です。片側検定とは、そのグラム数が過大または過小のどちらかであることを検証するような作業です。有意水準

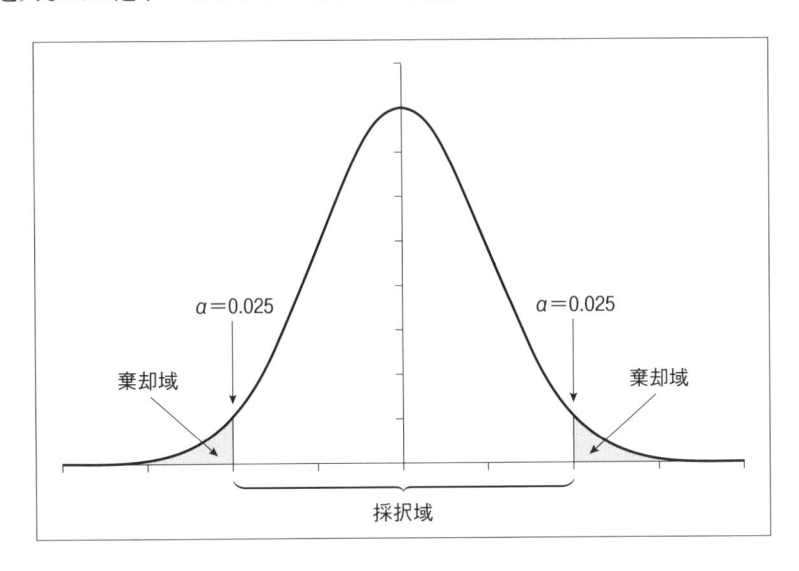

図65　両側検定（有意水準5％のとき）

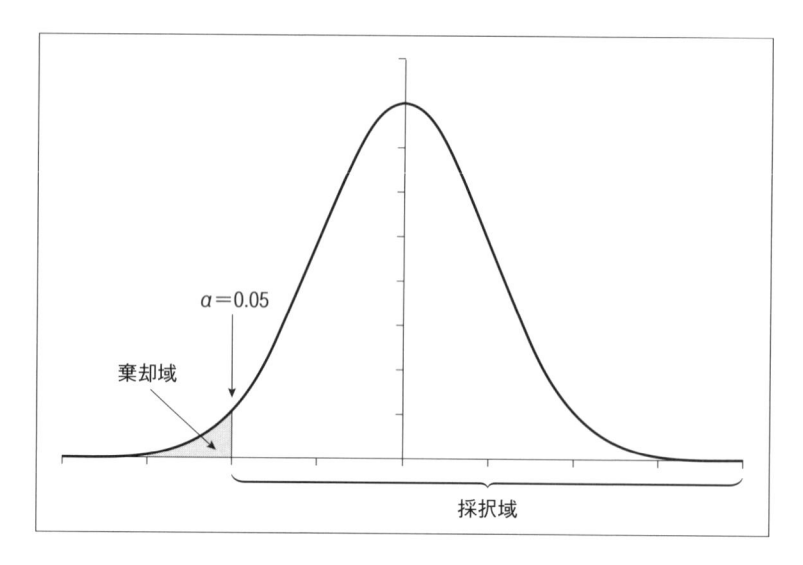

図66　片側検定（左側検定、有意水準5％のとき）

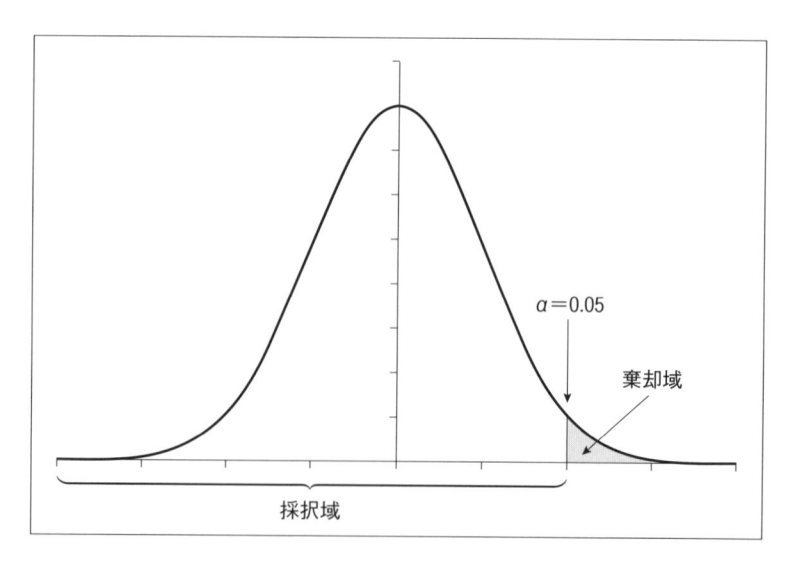

図67　片側検定（右側検定、有意水準5％のとき）

を5％とした場合の帰無仮説の棄却域は、図65、66、67のようになります。

仮説検定は標本の統計量が母集団の統計量からどの程度かけ離れているのかを調べ、その差を確率的に解釈する作業なので、正規分布の標準化の方法に準じて、標準正規分布表やt分布表を使って、検定したい統計量のz値やt値が棄却域に入っていればH_0は否定されH_1が正しいということになります。もし棄却域に入っていない場合、H_0は正しかったと積極的に認めたわけではないことに注意する必要があります。

概念的な説明だけではややわかりづらいので、例を使って調べてみることにしましょう。

6.4 母平均の検定

標本の平均値と母平均がかけ離れている場合、母集団は標本とは異なった集団であることを主張したいと仮定します。たとえば、公表されている車の燃費を検証するために、サンプリングにより何台かの車の燃費を調べて、公表されている燃費に偽りがないかどうかを調査することや、エアコンの省エネ度合の真偽のほどを検証するような作業が母平均の検定に相当します。

母平均の検定においても、母平均の推定の作業同様、母分散がわかっている場合とわかっていない場合とでは、多少計算式が異なります。

① 母分散がわかっている場合
<u>標本数が多い場合</u>

東京都の統計によると、35歳女性の平均体重は50kgで標準偏差は5kgだとします。民間団体が無作為に、35歳女性200人を抽出し、体重を測定したところ平均体重は47kgだったとします。民間団体は、東京都が公表している体重は過大であると疑っていますが、真偽のほどはどうでしょうか。有意水準を5％として仮説検定してみましょう。

この問題は、標本サイズも十分大きいので、標本平均の分布は正規分布に従うとみなすことができ、z値を調べて標準正規分布表から検定することができます。

民間団体は「東京都が公表している体重は過大である」と主張したいた

第3章　統計解析

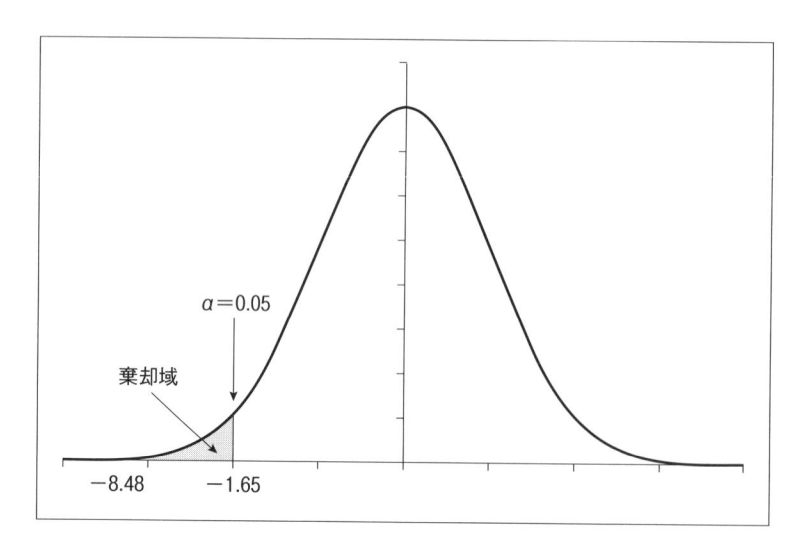

図68　片側Z検定（左側検定、有意水準5％のとき）

め、これが対立仮説となります。したがって、帰無仮説は「東京都が公表している体重は過大ではない」になります。この問題を考えるとき、東京都が公表している女性の体重は世の同世代の平均体重より高いことを証明したいので、確率分布図での左側の片側検定になることが想像できます。

標本平均の分布は正規分布 $N(\mu_m, \sigma_m^2/n)$ に従うとみなすことができます。標本平均が分布の中のどの位置にあるかで検定するため、標準正規分布 $N(0, 1)$ に変換するための下記の確率変数Tに相当する値を求めます。この検定のために算出する統計量Tのことを検定統計量といいます。検定統計量Tの値は、標本数が大きい場合（30以上）、標準正規分布表のz値を使い、標本数が小さい場合（30未満）、t分布表のt値を使い検証します。

$$T（検定統計量）= \frac{標本平均 - 母平均}{\sqrt{\dfrac{母分散}{標本数}}}$$

$$= \frac{\bar{X} - \mu_m}{\dfrac{\sigma_m}{\sqrt{n}}}$$

μ_m：母平均
σ_m：母標準偏差
n：標本数
$\bar{X}$：標本平均

$T = (47-50) \div (5 \div \sqrt{200}) \fallingdotseq -8.48$

　標準正規分布表より、片側検定でαが0.05のときzの値は1.65になります。上記の検定統計量（T）は−8.48となり、図68のグラフ上の棄却域に入っているので、帰無仮説である「東京都が公表している体重は過大ではない」は否定され、民間団体は東京都の統計が間違っていたと証明することができました。

標本数が少ない場合（通常nが30以下）
　z検定に替えて自由度（n−1）のt検定を行うことで検定の精度が高まります。ここでnは標本数です。

② 　母分散がわかっていない場合
　母分散がわからないときは、標本の不偏分散を使って母分散を推定するのが鉄則です。この場合、下記の算式に従って検定統計量のTを算出し、母分散が既知の場合と同じく、得られたT値を標本数が30以上の場合は標準正規分布表に従い、標本数が30未満の場合はt分布表に従って検定を行います。

$$T（検定統計量） = \frac{標本平均 - 母平均}{\sqrt{\frac{不偏分散}{標本数}}}$$

$不偏分散 = \dfrac{n}{n-1}$　$標本分散 = \dfrac{n}{n-1} s^2$

∴　$T = \dfrac{\sqrt{n-1}\,(\bar{X} - \mu_m)}{s}$

μ_m：母平均
s　：標本標準偏差
n　：標本数
$\bar{X}$　：標本平均

　次の例を考えてみましょう。モデルチェンジされた新しい車の燃費を調べるために5台の車を生産ラインから抽出し、テストコースで燃費の計測をした例を推定のところで解説しました。メーカー側は、燃費はリッター当たり27kmと公表しています。5台の車を選び燃費を計測した結果は表39のようになり、メーカー側の燃費は誇大表示ではないかという疑問が生じました。消費者連盟は有意水準を5％に設定し、この疑問を検証することになりました。消費者連盟はメーカーが公表している燃費は過大であると主張したいと考えています。これが主張したい仮説なので、これが対立仮説となります。したがって、帰無仮説は「メーカーが公表している燃費は過大ではない」ということになります。

　前述の算式に従い、検定統計量Tは下記のようになります。

$$T = \sqrt{5} \times (25.42 - 27) \div 0.6301 = -5.607$$

表39　サンプル調査した自動車の燃費（p.165の表38と同じ）

	燃費（km/l）
A	24.5
B	26.2
C	25.5
D	25.7
E	25.2
標本平均	25.42
標本分散	0.3176
不偏分散	0.3970
不偏標準偏差	0.6301

0.3176×5÷4

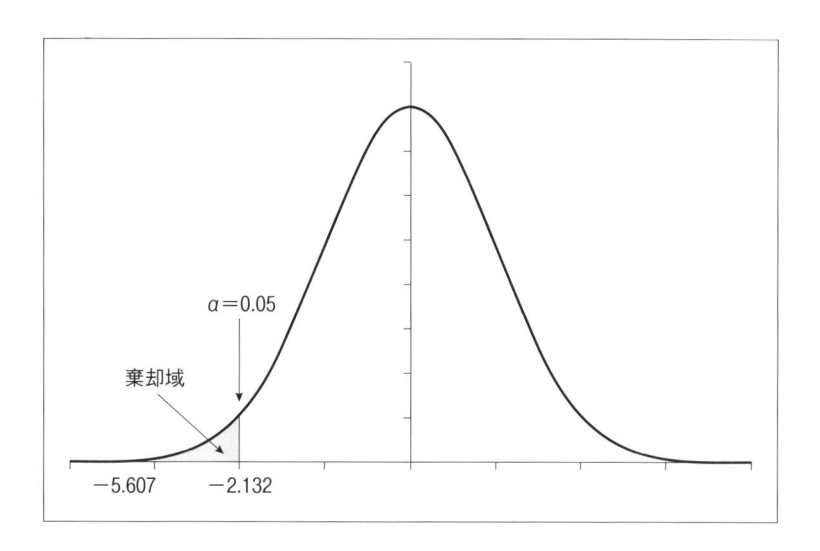

図69 片側 t 検定（左側検定、有意水準5％のとき）

　左側の片側検定を t 分布表で求めたところ、図69のようになり、帰無仮説である「メーカーが公表している燃費は過大ではない」ということが棄却され、やはり疑い通り公表燃費は過大であることがわかりました。

6.5 その他の検定

　検定作業は母平均の検定以外にも、母分散の検定、無相関の検定等様々な検定があります。検定の基本概念は上記に解説したように検定したい仮説が標本統計量を基に確率的に考えてめったに起こり得ない状況かどうかを調べて仮説が正しいかどうかを判断します。それらの詳細については、本書が意図する領域を超えていますので、他の統計学の専門書等に委ねることにします。

☞まとめ
- 検定とは、証明したい仮説が正しいかどうかを確率的に判断する作業であり、「推定」の作業の逆バージョンのようなイメージである。
- 算術的には、母集団の特徴と標本の特徴の差が、その標準誤差に対し

て何倍になっているかを見て、それが確率的にどれぐらいありえないかで仮説が正しいかどうかを判断する。
- 仮説検定の作業は、ある命題を証明するとき、その命題を直接的に証明するのではなく、その命題を否定すれば矛盾が生じることを示し、それによって、もとの命題が成り立つと結論づける方法を用いる。このような論法のことを背理法という。
- 「帰無仮説」とは、否定されることを期待した仮説のことをいい、裏を返せば、主張したい仮説の反対の仮説である。
- 「対立仮説」とは「帰無仮説」の反対の仮説で、主張したい仮説のことをいう。
- 「有意水準」とは仮説が正しいかどうかの判断をするための基準となる確率のレベルをいい、5％または1％の値が用いられることが多い。
- 有意水準からはみ出た領域で、帰無仮説が退けられる領域のことを「棄却域」という。
- 検定作業には両側検定と片側検定があり、確率分布上での両側の検定を行う検定方法と、片方のみの検定を行う方法がある。
- 検定作業においては、推定作業に準じて、母分散が既知の場合と未知の場合、標本サイズの大小に応じて、標準正規分布表またはt分布表を使って行う。
- 母平均の検定では、母標準偏差が未知の場合は下記に掲げる検定統計量Tが棄却域に入っているかどうかで標準正規分布表またはt分布表を使って判断する。

$$T（検定統計量）=\frac{標本平均-母平均}{\sqrt{\dfrac{不偏分散}{標本数}}}$$

【練習問題1】

1袋500gのパスタを製造している工場に関して次の質問に答えなさい。

① メーカー側が、生産ライン上のパスタを無作為に25袋サンプリン

グ調査したところ、その平均値は501.5gであった。メーカー側はグラム数の表示は過小ではないかと疑問を抱いた。有意水準を5％に設定し、この疑問を検証しなさい。なお、従来より、母標準偏差は5gで今もその値は変わっていない。

② メーカー側が、生産ライン上のパスタを無作為に200袋サンプリング調査したところ、その平均値は498g、標準偏差は5gであった。メーカー側はグラム数の表示は過大ではないかと疑問を抱いた。有意水準を5％に設定し、この疑問を検証しなさい。

③ メーカー側が、生産ライン上のパスタを無作為に100袋サンプリング調査したところ、その平均値は502g、標準偏差は5gであった。メーカー側は製造機械に不具合が生じているのではないかと疑問を抱いた。有意水準を5％に設定し、この疑問を検証しなさい。

【練習問題２】

　株式投資の格言で"Sell in May"というのがあり、5月の株価パフォーマンスは悪いといわれている。経験則から、5月の月次リターンは年率－5％であると思われている。そこで、過去16年間（n＝16）の5月の月次リターンを調べたところ、その平均は年率ゼロ％で標準偏差（不偏標準偏差を意味する）は年率10％であった。世間一般に言われている5月の株価パフォーマンスの真偽のほどを有意水準を5％に設定して答えなさい。

付　録

1　基礎数学

1.1　分配法則、結合法則、交換法則

① 分配法則

下記の左辺の算式の（　）カッコを取り除く計算法則を分配法則といいます。計算順序はカッコ内を優先させますが、分配法則を使ってカッコを取り除いたほうが計算が容易にできることがあり、計算結果は同じになります。

例：

(1) $A \times (B + C) = A \times B + A \times C$

(2) $(AX + BY)^2 = (AX + BY) \times (AX + BY)$

$\qquad\qquad\quad = (AX + BY) \times AX + (AX + BY) \times BY$
$\qquad\qquad\quad = AX^2 + BY \times AX + AX \times BY + BY^2$
$\qquad\qquad\quad = AX^2 + 2\,AX \times BY + BY^2$

② 結合法則

　結合法則とは分配法則の逆で、下記の左辺の算式にカッコをつけて、カッコ内の計算を優先させる計算法則です。足し算、引き算のみの演算および割り算、掛け算のみの演算は、計算の順序にかかわらず計算結果は同じですが、結合法則はあえて計算の順序を変えるためにカッコを使います。カッコを使うことで計算が容易に行えることがあります。

例：（足し算、引き算）
(1) $88 + 15 + 85 = 88 + (15 + 85)$
$= 88 + 100 = 188$

例：（掛け算、割り算）
(1) $999 \times 4 \times 25 = 999 \times (4 \times 25)$
$= 999 \times 100 = 99900$
(2) $\dfrac{1}{n} \times A + \dfrac{1}{n} \times B + \dfrac{1}{n} \times C = \dfrac{1}{n} \times (A + B + C)$

③ 交換法則

　交換法則とは計算の順序を交換しても計算結果は同じになる特性を使い、計算の順序を下記の算式のように交換する計算法則です。

例：
(1) $A + B = B + A$
(2) $A \times B = B \times A$

1.2 Σとその演算規則

① 基本法則

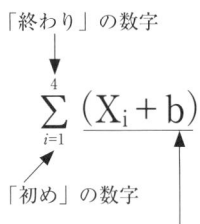

「終わり」の数字

$$\sum_{i=1}^{4} (X_i + b)$$

「初め」の数字

この算式の中でΣの記号の下方に表示してあるアルファベットと同じ字を見つけ、そのアルファベットに「初め」の数字を代入し、「終り」の数字になるまで1ずつ増やして加算し続けます。算式と計算結果は下記のようになります。

$$\sum_{i=1}^{4} (X_i + b) = (X_1 + b) + (X_2 + b) + (X_3 + b) + (X_4 + b)$$
$$= X_1 + X_2 + X_3 + X_4 + 4b$$

② 基本公式

1. $\sum_{k=1}^{n} (X_k + Y_k)$

   $= \sum_{k=1}^{n} X_k + \sum_{k=1}^{n} Y_k$

   四則演算の分配法則のような公式で、Σの中の算式において、足し算、引き算は、別々のΣの算式に分解できます。

2. $\sum_{k=1}^{n} 4X_k$

   $= 4\sum_{k=1}^{n} X_k$

   四則演算の結合法則のような公式で、Σの中の算式で、掛け算割り算のうち、定数はΣの外に追い出すことができます。

付　録

3. $\displaystyle\sum_{k=1}^{n} a$

$= a \times n$

Σの中が定数だけの場合は、その定数をn倍（n－1＋1）します。

（例）
$\displaystyle\sum_{k=3}^{6} a = a \times (6-3+1) = 4a$

③　Σの中にΣがある場合

Σのもともとの定義に従い、Σの中の算式を分解します。

1. $\displaystyle\sum_{i=1}^{n} \sum_{j=1}^{m} X_{ij}$

$= \displaystyle\sum_{j=1}^{m} X_{1j} \sum_{j=1}^{m} X_{2j} + \cdots\cdots + \sum_{j=1}^{m} X_{nj}$

$= (X_{11} + X_{12} + \cdots\cdots + X_{1m}) + (X_{21} + X_{22} + \cdots\cdots + X_{2m}) + \cdots\cdots + (X_{n1} + X_{n2} + \cdots\cdots + X_{nm})$

$= (X_{11} + X_{21} + \cdots\cdots + X_{n1}) + (X_{12} + X_{22} + \cdots\cdots + X_{n2}) + \cdots\cdots + (X_{1m} + X_{2m} + \cdots\cdots + X_{nm})$

$= \displaystyle\sum_{k=1}^{n} X_{i1} + \sum_{k=1}^{n} X_{i2} + \cdots\cdots + \sum_{k=1}^{n} X_{im}$

$= \displaystyle\sum_{j=1}^{m} \sum_{i=1}^{n} X_{ij}$

順序が入れ替わる

2. $\displaystyle\sum_{i=1}^{n} \sum_{j=1}^{m} X_i Y_j = \sum_{i=1}^{n} X_i \sum_{j=1}^{m} Y_j$
　　（証明略）

1.3 順列・組合せ

① 順列

　箱の中に①②③④⑤と書かれたボールがそれぞれ１つずつ合計５つ入っている場合に、その箱の中からボールを２つ選び、ボールに書かれてある数字を組み合わせた２ケタの数字は何種類になるかを考えます。

　一般的に、いくつかのものを１列に並べるときの並び方の１つひとつを順列といいます。

　n個の異なるものからr（r≦n）個を選んで１列に並べる順列の総数は下記のように表示、計算されます。

$$順列の数 = {}_nP_r = \underbrace{n \times (n-1) \times (n-2) \times \cdots\cdots \times (n-r+1)}_{r個の数の積}$$

上記の例では、

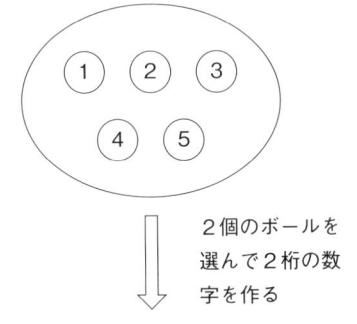

２個のボールを選んで２桁の数字を作る

１桁目の数字		２桁目の数字				
	1		2	3	4	5
	2	1		3	4	5
	3	1	2		4	5
	4	1	2	3		5
	5	1	2	3	4	

５種類　　それぞれ４種類

可能な数字			
12	13	14	15
21	23	24	25
31	32	34	35
41	42	43	45
51	52	53	54

5×4＝20個

順列の数 = $_5P_2 = 5 \times (5-1) = 20$
となります。

r = n の時、上記の定義式は下記のように表示、計算されます。

順列の数 = $_nP_n = n \times (n-1) \times (n-2) \times \cdots \times 1$
       = $n!$

上記の式を使うと、$_nP_r$ は下記のように表示できます。

順列の数 = $_nP_r = \dfrac{n!}{(n-r)!}$

② 組合せ

　順列を解説した時に使った例で、得られた2桁の数字の順序を無視した組を考えるとき、その1つひとつの組を組合せといいます。2つの数字の組はそれぞれ2通りの数字が可能（例：12と21）なので、この例の組合せの数は以下のように表示、計算されます。

組合せの数 = $_5C_2 = \dfrac{5 \cdot 4}{2 \cdot 1} = 10$

　一般的に、n個の異なるものからr（r ≦ n）個を選んだ場合、並んだ順序を無視した組合せの総数は下記のように表示、計算されます。

組合せの数 = $_nC_r = \dfrac{\overbrace{n(n-1)(n-2)\cdots(n-r+1)}^{\text{n から始まる r 個の数の積}=_nP_r}}{\underbrace{r(r-1)(r-2)\cdots 3 \cdot 2 \cdot 1}_{\text{r から始まる r 個の数の積}=r!}}$

　　　　　 = $\dfrac{_nP_r}{r!}$

$$= \frac{n!}{r!(n-r)!}$$

また、${}_nC_r = {}_nC_{n-r}$
さらに、${}_nC_0 = {}_nC_n = 1$
${}_nC_1 = n \;;\; 0! = 1$

1.4 指数・対数

① 指数関数の基本法則

1. $x^m x^n = x^{m+n}$
2. $(x^m)^n = x^{mn}$
3. $(xy)^m = x^m y^m$
4. $x^0 = 1$
5. $x^{-m} = \dfrac{1}{x^m}$
6. $\sqrt[m]{x} = x^{1/m}$
7. $\sqrt[n]{x^m} = x^{m/n}$

② 対数関数の基本法則

1. $\log_e xy = \log_e x + \log_e y$
2. $\log_e \dfrac{x}{y} = \log_e x - \log_e y$
3. $\log_e x^m = m \log_e x$
4. $\log_e \sqrt[m]{x} = \dfrac{1}{m} \log_e x$

1.5 微分・積分・導関数

① 微分と導関数

1. 微分とは、変数xがわずかに変化したときに、関数f(x)の変化する割合を求めることをいい、xが1単位変化した場合の関数f(x)の変化率を求める算術です。
2. 関数y=f(x)をxで微分した関数のことを関数yの導関数といい、下記のように表示されます。

付　録

$$y \text{ の導関数} = y' = \lim_{\Delta \to 0} \frac{\Delta f(x)}{\Delta x} = \lim_{\Delta \to 0} \frac{f(x + \Delta x) - f(x)}{\Delta x}$$

$$= \frac{dy}{dx}$$

$$= \frac{df(x)}{dx}$$

$$= f'(x)$$

3．いろいろな導関数

$f(x) = a$（定数） $\longrightarrow$ $f'(x) = 0$

$f(x) = ax + b$ $\longrightarrow$ $f'(x) = a$

$f(x) = ax^2 + bx + c$ $\longrightarrow$ $f'(x) = 2ax + b$

$f(x) = x^n$ $\longrightarrow$ $f'(x) = nx^{n-1}$

$f(x) = e^x$ $\longrightarrow$ $f'(x) = e^x$

$f(x) = a^x$ $\longrightarrow$ $f'(x) = a^x \log_e a \, (a>0)$

$f(x) = \log_e x$ $\longrightarrow$ $f'(x) = \dfrac{1}{x}$

$f(x) = \log_a x$ $\longrightarrow$ $f'(x) = \dfrac{1}{x \log_e a}$

② 積分

1．積分とは、微分の逆の算術であり、関数 $f(x)$ を導関数とするような関数を求める演算のことをいいます。

微分
$f(x) \longrightarrow f'(x) = \dfrac{df(x)}{dx}$
[$f'(x)$ を求める演算]

積分
$F(x) \longrightarrow F'(x) = \dfrac{dF(x)}{dx} = f(x)$
[$F'(x)$ が $f(x)$ となる関数 $F(x)$ を求める演算]

2．$F'(x) = f(x)$ とすると、積分は下記のように表示され、関数 $f(x)$ を導関数とするような関数を原始関数といいます。$F(x)$ は $f(x)$ の原始関数

の1つとなります。

$$F(b) - F(a) = \int_a^b f(x)\,dx$$

導関数と原始関数の1つの例をグラフで表示すると下記のようになります。

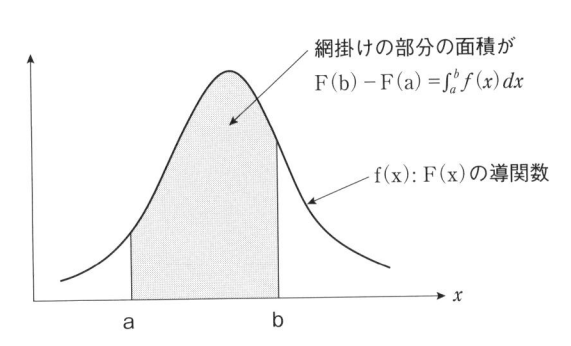

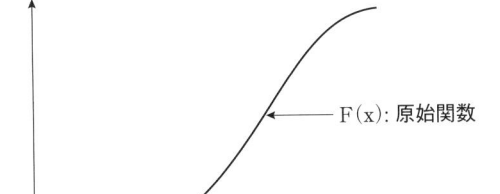

導関数

網掛けの部分の面積が
$F(b) - F(a) = \int_a^b f(x)\,dx$

f(x): F(x)の導関数

a   b

原始関数

F(x): 原始関数

付　録

t 分布表

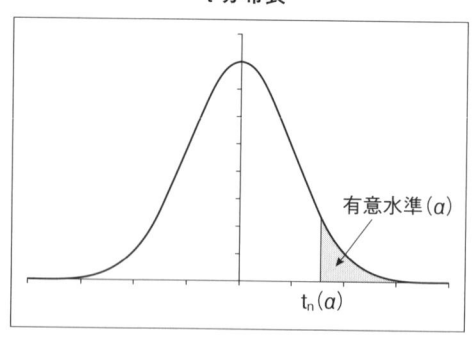

a：有意水準（片側）
n：自由度

n \ a	0.25	0.1	0.05	0.025	0.01	0.005
1	1.000	3.078	6.314	12.706	31.821	63.657
2	0.816	1.886	2.920	4.303	6.965	9.925
3	0.765	1.638	2.353	3.182	4.541	5.841
4	0.741	1.533	2.132	2.776	3.747	4.604
5	0.727	1.476	2.015	2.571	3.365	4.032
6	0.718	1.440	1.943	2.447	3.143	3.707
7	0.711	1.415	1.895	2.365	2.998	3.499
8	0.706	1.397	1.860	2.306	2.896	3.355
9	0.703	1.383	1.833	2.262	2.821	3.250
10	0.700	1.372	1.812	2.228	2.764	3.169
11	0.697	1.363	1.796	2.201	2.718	3.106
12	0.695	1.356	1.782	2.179	2.681	3.055
13	0.694	1.350	1.771	2.160	2.650	3.012
14	0.692	1.345	1.761	2.145	2.624	2.977
15	0.691	1.341	1.753	2.131	2.602	2.947
16	0.690	1.337	1.746	2.120	2.583	2.921
17	0.689	1.333	1.740	2.110	2.567	2.898
18	0.688	1.330	1.734	2.101	2.552	2.878
19	0.688	1.328	1.729	2.093	2.539	2.861
20	0.687	1.325	1.725	2.086	2.528	2.845
21	0.686	1.323	1.721	2.080	2.518	2.831
22	0.686	1.321	1.717	2.074	2.508	2.819
23	0.685	1.319	1.714	2.069	2.500	2.807
24	0.685	1.318	1.711	2.064	2.492	2.797

25	0.684	1.316	1.708	2.060	2.485	2.787
26	0.684	1.315	1.706	2.056	2.479	2.779
27	0.684	1.314	1.703	2.052	2.473	2.771
28	0.683	1.313	1.701	2.048	2.467	2.763
29	0.683	1.311	1.699	2.045	2.462	2.756
30	0.683	1.310	1.697	2.042	2.457	2.750
40	0.681	1.303	1.684	2.021	2.423	2.704
50	0.679	1.299	1.676	2.009	2.403	2.678
60	0.679	1.296	1.671	2.000	2.390	2.660
70	0.678	1.294	1.667	1.994	2.381	2.648
80	0.678	1.292	1.664	1.990	2.374	2.639
90	0.677	1.291	1.662	1.987	2.368	2.632
100	0.677	1.290	1.660	1.984	2.364	2.626
110	0.677	1.289	1.659	1.982	2.361	2.621
∞	0.674	1.282	1.645	1.960	2.326	2.576

付　録

標準正規分布表

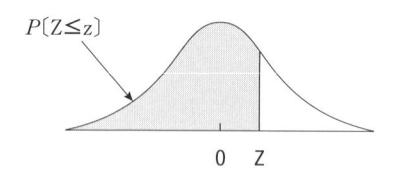

$P[Z \leq z]$

z	0	0.01	0.02	0.03	0.04	0.05	0.06	0.07	0.08	0.09
0.0	0.5000	0.5040	0.5080	0.5120	0.5160	0.5199	0.5239	0.5279	0.5319	0.5359
0.1	0.5398	0.5438	0.5478	0.5517	0.5557	0.5596	0.5636	0.5675	0.5714	0.5753
0.2	0.5793	0.5832	0.5871	0.5910	0.5948	0.5987	0.6026	0.6064	0.6103	0.6141
0.3	0.6179	0.6217	0.6255	0.6293	0.6331	0.6368	0.6406	0.6443	0.6480	0.6517
0.4	0.6554	0.6591	0.6628	0.6664	0.6700	0.6736	0.6772	0.6808	0.6844	0.6879
0.5	0.6915	0.6950	0.6985	0.7019	0.7054	0.7088	0.7123	0.7157	0.7190	0.7224
0.6	0.7257	0.7291	0.7324	0.7357	0.7389	0.7422	0.7454	0.7486	0.7517	0.7549
0.7	0.7580	0.7611	0.7642	0.7673	0.7704	0.7734	0.7764	0.7794	0.7823	0.7852
0.8	0.7881	0.7910	0.7939	0.7967	0.7995	0.8023	0.8051	0.8078	0.8106	0.8133
0.9	0.8159	0.8186	0.8212	0.8238	0.8264	0.8289	0.8315	0.8340	0.8365	0.8389
1.0	0.8413	0.8438	0.8461	0.8485	0.8508	0.8531	0.8554	0.8577	0.8599	0.8621
1.1	0.8643	0.8665	0.8686	0.8708	0.8729	0.8749	0.8770	0.8790	0.8810	0.8830
1.2	0.8849	0.8869	0.8888	0.8907	0.8925	0.8944	0.8962	0.8980	0.8997	0.9015
1.3	0.9032	0.9049	0.9066	0.9082	0.9099	0.9115	0.9131	0.9147	0.9162	0.9177
1.4	0.9192	0.9207	0.9222	0.9236	0.9251	0.9265	0.9279	0.9292	0.9306	0.9319
1.5	0.9332	0.9345	0.9357	0.9370	0.9382	0.9394	0.9406	0.9418	0.9429	0.9441
1.6	0.9452	0.9463	0.9474	0.9484	0.9495	0.9505	0.9515	0.9525	0.9535	0.9545
1.7	0.9554	0.9564	0.9573	0.9582	0.9591	0.9599	0.9608	0.9616	0.9625	0.9633
1.8	0.9641	0.9649	0.9656	0.9664	0.9671	0.9678	0.9686	0.9693	0.9699	0.9706
1.9	0.9713	0.9719	0.9726	0.9732	0.9738	0.9744	0.9750	0.9756	0.9761	0.9767
2.0	0.9772	0.9778	0.9783	0.9788	0.9793	0.9798	0.9803	0.9808	0.9812	0.9817
2.1	0.9821	0.9826	0.9830	0.9834	0.9838	0.9842	0.9846	0.9850	0.9854	0.9857
2.2	0.9861	0.9864	0.9868	0.9871	0.9875	0.9878	0.9881	0.9884	0.9887	0.9890
2.3	0.9893	0.9896	0.9898	0.9901	0.9904	0.9906	0.9909	0.9911	0.9913	0.9916
2.4	0.9918	0.9920	0.9922	0.9925	0.9927	0.9929	0.9931	0.9932	0.9934	0.9936
2.5	0.9938	0.9940	0.9941	0.9943	0.9945	0.9946	0.9948	0.9949	0.9951	0.9952
2.6	0.9953	0.9955	0.9956	0.9957	0.9959	0.9960	0.9961	0.9962	0.9963	0.9964
2.7	0.9965	0.9966	0.9967	0.9968	0.9969	0.9970	0.9971	0.9972	0.9973	0.9974
2.8	0.9974	0.9975	0.9976	0.9977	0.9977	0.9978	0.9979	0.9979	0.9980	0.9981
2.9	0.9981	0.9982	0.9982	0.9983	0.9984	0.9984	0.9985	0.9985	0.9986	0.9986
3.0	0.9987	0.9987	0.9987	0.9988	0.9988	0.9989	0.9989	0.9989	0.9990	0.9990
3.1	0.9990	0.9991	0.9991	0.9991	0.9992	0.9992	0.9992	0.9992	0.9993	0.9993
3.2	0.9993	0.9993	0.9994	0.9994	0.9994	0.9994	0.9994	0.9995	0.9995	0.9995
3.3	0.9995	0.9995	0.9995	0.9996	0.9996	0.9996	0.9996	0.9996	0.9996	0.9997
3.4	0.9997	0.9997	0.9997	0.9997	0.9997	0.9997	0.9997	0.9997	0.9997	0.9998
3.5	0.9998	0.9998	0.9998	0.9998	0.9998	0.9998	0.9998	0.9998	0.9998	0.9998

2　練習問題解答

第2章　基礎統計量
2．データの標準的または中間的な姿を表す尺度

【練習問題】
① 　相加平均：$(510+510+600+490+460+500+480+510+520+500)÷10=508$

答　508円

株価を価格の低い順に並べ替えると下記の表のようになる。

	1	2	3	4	5	6	7	8	9	10
株価（円）	460	480	490	500	500	510	510	510	520	600

メディアン：$(500+510)÷2=505$

答　505円

モード：510円が3つあり、これがモードとなる。

答　510円

② 　単純移動平均：$(490+460+500+480)÷4=482.5$

答　482.5円

加重移動平均：$\dfrac{490\times50+460\times20+500\times100+480\times40}{50+20+100+40}=490$

答　490円

③ 　11日目の株価をXとする。
　11日目での3日単純移動平均値は $(520+500+X)÷3$ となり、Xがこの値を上回ることになるので、以下の不等式が成立する。

　　　$(520+500+X)÷3 < X$

この式を解いて、
　　　$510 < X$

したがって、Xは511円以上であれば3日移動平均値を上回る。ちなみに、X

付　録

が510円であれば、移動平均値と等しくなるので不正解となる。

答　511円

3．データのばらつき度合いを表す尺度

【練習問題1】

① 平均株価 $= (100 + 120 + X + 80) \div 4 = 100$
これを解いて、
$X = 100$
平均が100なので1日目と3日目の株価の偏差はゼロとなり、
偏差の2乗の合計 $= (120 - 100)^2 + (80 - 100)^2 = 400 + 400 = 800$ となる。
∴分散 $= 800 \div 4 = 200$
標準偏差 $= \sqrt{200} \doteq 14.1$
∴標準偏差 $= 14$

答　分散200（円円）　標準偏差　14円

② $E(X^2)${二乗の平均} $= (100^2 + 120^2 + 100^2 + 80^2) \div 4$
$= 10,200$

$E(X)^2${平均の二乗} $= 100^2 = 10,000$
∴分散 $= 10,200 - 10,000 = 200$

答　分散200（円円）

③ 加重平均株価 $= \dfrac{100 \times 40 + 120 \times 100 + 80 \times 40 + 80 \times 20}{40 + 100 + 40 + 20} = 104$

分散 $= \dfrac{(100 - 104)^2 \times 40 + (120 - 104)^2 \times 100 + (80 - 104)^2 \times 40 + (80 - 104)^2 \times 20}{40 + 100 + 40 + 20}$

$= \dfrac{16 \times 40 + 256 \times 100 + 576 \times 40 + 576 \times 20}{200} = 304$

答　分散304（円円）

【練習問題2】

平均、分散、標準偏差および変動係数は下記のようになる。

数学　平均 $= (60 + 50 + 70 + 70) \div 4 = 62.5$
　　　分散 $= ((60^2 + 50^2 + 70^2 + 70^2) \div 4 - 62.5^2 = 68.75$
　　　標準偏差 $= \sqrt{68.75} \doteq 8.29$
　　　変動係数 $= 8.29 \div 62.5 \doteq 0.13$
英語　平均 $= (90 + 70 + 80 + 90) \div 4 = 82.5$
　　　分散 $= ((90^2 + 70^2 + 80^2 + 90^2) \div 4 - 82.5^2 = 68.75$

標準偏差 = $\sqrt{68.75} ≒ 8.29$
変動係数 = $8.29 ÷ 82.5 ≒ 0.10$

　数学の変動係数が英語の変動係数より大きいので、数学の得点の方がデータのばらつき度合が大きい。

答　数学

4．証券のリターンとリスク

【練習問題1】
① ファンドA
　　シャープ・レシオ = $\dfrac{0.1 - 0.01}{0.2} = 0.45$

　　インフォメーション・レシオ = $\dfrac{0.1 - 0.05}{0.1} = 0.5$

　ファンドB
　　シャープ・レシオ = $\dfrac{0.15 - 0.01}{0.25} = 0.56$

　　インフォメーション・レシオ = $\dfrac{0.15 - 0.05}{0.3} ≒ 0.33$

答

	シャープ・レシオ
ファンドA	0.45
ファンドB	0.56

	インフォメーション・レシオ
ファンドA	0.50
ファンドB	0.33

② アクティブ・ファンドのパフォーマンスの評価はインフォメーション・レシオを使って評価するのが適しており、ファンドAのインフォメーション・レシオがファンドBを上回っているのでファンドAのパフォーマンスが優れているといえる。

答　ファンドA

付　録

【練習問題2】

ファンドXの平均リターン（年率）

$$= \frac{0.03 - 0.05 + 0.09 + 0.10 - 0.01 - 0.02 + 0.07 - 0.01 + 0.09 - 0.02 + 0.02 + 0.10}{12} \times 12 = 0.39$$

ベンチマーク・インデックスの平均リターン（年率）

$$= \frac{0.06 - 0.03 + 0.15 + 0.10 - 0.01 - 0.05 - 0.01 - 0.03 + 0.12 - 0.01 + 0.10 + 0}{12} \times 12 = 0.39$$

答　ファンドX：39％
ベンチマーク・インデックス：39％

ベンチマーク・インデックスに対するファンドXの年率超過リターン
＝39％－39％＝0

答　超過リターン：0％

月	超過リターン	超過リターンの2乗
1	－0.03	0.0009
2	－0.02	0.0004
3	－0.06	0.0036
4	0.00	0.0000
5	0.00	0.0000
6	0.03	0.0009
7	0.08	0.0064
8	0.02	0.0004
9	－0.03	0.0009
10	－0.01	0.0001
11	－0.08	0.0064
12	0.10	0.0100
合計	0	0.0300
平均	0	0.0025

上記の表より、超過リターンの2乗の月次平均は0.0025となり、その平方根は月次0.05（5％）となるので、トラッキング・エラーは年率60％（5％×12）となる。（超過リターンの平均がゼロなので、超過リターンの標準偏差を求めても同じ結果となる）

答　トラッキング・エラー：60％

5．平均、分散、標準偏差の基本的な特性

【練習問題】

① 仮平均を a とすると、
$E(X-a) = E(X) - a$ より
$E(X) = E(X-a) + a$ になる。

下記の表より、$(X-a)$ の合計は50となるので、
X の平均 $= 50 \div 5 + 20 = 30$
となる。

X	10	40	30	20	50
X−a	−10	20	10	0	30

<u>答　30</u>

② 下記の公式より、
$Var(bX+a) = b^2 Var(X)$
$Var(Y) = Var(1.2X-10) = 1.2^2 Var(X) = 1.44 \times 200 = 288$

<u>答　288</u>

③ 下記の公式より、
$\sigma(bX) = b\sigma(X)$

$b\sigma(X) = \sqrt{50}$

$\therefore b = \dfrac{\sqrt{50}}{\sigma(X)} = \dfrac{\sqrt{50}}{\sqrt{200}} = \sqrt{1/4} = \dfrac{1}{2}$

<u>答　$\dfrac{1}{2}$ 倍または0.5倍</u>

④ 平均
$(10+40+30+20+50) + 30 \times 5 = 300$ ………X の総和
∴ 平均 $= 300 \div 10 = 30$

分散　以下の分散の算出式を使い、X を $X_1 \sim X_5$ と $X_6 \sim X_{10}$ の2つのデータの集団に分けて考える。
$\sigma^2 = E(X^2) - E(X)^2$
$X_1 \sim X_5$ のデータの2乗の平均値を a とすると、
$X_1 \sim X_5$ の分散が200なので、
$200 = a - E(X_n)^2$ 　　($n=1, 2, 3, 4, 5$)

付　録

$E(X_n) = (10 + 40 + 30 + 20 + 50) \div 5 = 30$
$\therefore E(X_n)^2 = 30^2 = 900$
$a = 200 + 900 = 1100$

一方 $X_6 \sim X_{10}$ のデータの2乗の平均値を b とすると、
$X_6 \sim X_{10}$ の分散が100なので、
$$100 = b - E(X_n)^2 \quad (n = 6, 7, 8, 9, 10)$$
$E(X_n) = 30$
$\therefore E(X_n)^2 = 30^2 = 900$
$b = 100 + 900 = 1000$

したがって、$X_1 \sim X_{10}$ のデータの2乗の平均値は、下記のようになる。

$$E(X_n^2) = \frac{X_1^2 + \cdots + X_5^2 + X_6^2 + \cdots + X_{10}^2}{10} \quad (n = 1, 2, \cdots, 10)$$

$$= \frac{X_1^2 + \cdots + X_5^2}{5} \times \frac{1}{2} + \frac{X_6^2 + \cdots + X_{10}^2}{5} \times \frac{1}{2}$$

$$= 1100 \times \frac{1}{2} + 1000 \times \frac{1}{2} = 1050$$

$\therefore X$ の分散 $= 1050 - 30^2 = 150$

答　平均30　分散150

7．データ集団間の関係を表す尺度

【練習問題１】
① 答　下記の散布図より、ＸとＹは正の相関関係にあることがわかる。

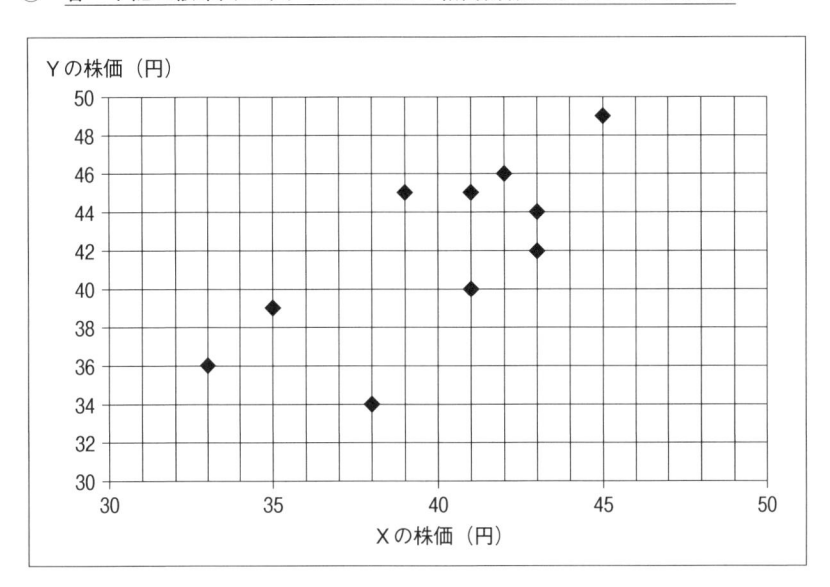

Ｙの株価（円）

Ｘの株価（円）

② 下記の表参照

　　共分散 = $120 \div 10 = 12$

　　相関係数 = $\dfrac{120}{\sqrt{128 \times 200}} = \dfrac{120}{8\sqrt{2} \times 10\sqrt{2}} = \dfrac{120}{8 \times 10 \times 2} = 0.75$

	X	Y	Xの偏差	Yの偏差	偏差の積	Xの偏差の2乗	Yの偏差の2乗
1日目	41	40	1	−2	−2	1	4
2日目	35	39	−5	−3	15	25	9
3日目	45	49	5	7	35	25	49
4日目	43	44	3	2	6	9	4
5日目	41	45	1	3	3	1	9
6日目	38	34	−2	−8	16	4	64
7日目	42	46	2	4	8	4	16
8日目	43	42	3	0	0	9	0
9日目	39	45	−1	3	−3	1	9
10日目	33	36	−7	−6	42	49	36
合計	400	420			120	128	200

　　　　　　　　　　　　　　　　　　　答　共分散12　相関係数0.75

③　共分散＝120÷9≒13.33
　　相関係数は①と同じなので0.75

答　共分散13.3　相関係数0.75

【練習問題２】
　相関係数が－１ということは、株価の値動きがまったく逆で、かつ散布図の中でＹの株価はＸの株価に対して右下がりの直線上に位置している（下記の散布図参照）。Ｙの変化額に対するＸの変化額は一定の比率である。Ｘが102から98に４低くなったとき、Ｙは２高くなるので（感応度─0.5）、Ｘが102から100に変化すれば（－２の変化）、Ｙは１変化し（－２×－0.5）、50（49＋１）となる。

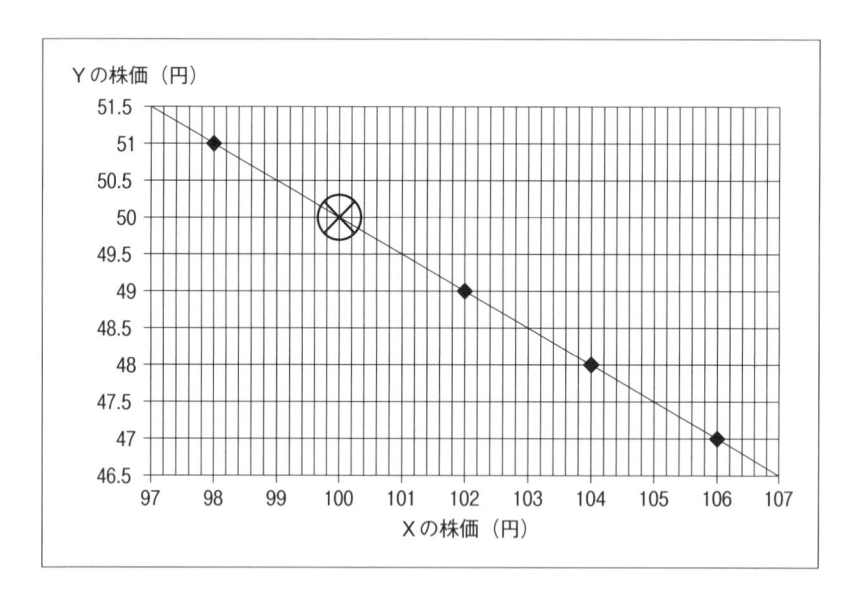

答　50円

【練習問題３】
　ファンドＸとファンドＹの各年の超過リターンは、絶対値が同じで符号は逆になっている。また、その平均値に関しても同様のことがいえる。したがって共分散の符号はマイナスで、その絶対値は各ファンドの超過リターンの分散に等しくなる。したがって、相関係数はマイナス１となる（下記の算式参照）。

　Ｘの超過リターンをＡ、Ｙの超過リターンをＢとすると、

$$相関係数 = \frac{偏差の積の平均}{(Aの標準偏差) \times (Bの標準偏差)} = \frac{-Aの分散（または-Bの分散）}{Aの分散（またはBの分散）} = -1$$

答 －1

第3章　統計解析
1．データ集団のリアル（統計データ）とバーチャル（確率変数）の世界

【練習問題1】
　日経平均株価が17,000円～24,000円になる確率を求めた際得られた17,000円に相当するzの値が－1.133で、24,000円に相当するzの値が1.20だったので、p.192の標準正規分布表を使ってそれぞれのzの値に相当する確率を以下に記す。
1.1　zが－1.133以上0以下になる確率
　　1.1.1　正規分布は左右対称形なので、zが－1.133以下になる確率とzが1.133以上になる確率は等しい。したがってzが1.133に相当する確率を求める。標準正規分布表にはzの値が小数点以下3桁になる場合の数値は載っていないので、このような場合は按分（線形補間）して求める。標準正規分布表より1.13に相当する確率は0.8708となり、1.14に相当する確率は0.8729となるので、

$$P(Z<1.133) = P(Z<1.13) + (P(Z<1.14) - P(Z<1.13)) \times \frac{3}{10}$$
$$= 0.8708 + (0.8729 - 0.8708) \times \frac{3}{10} \fallingdotseq 0.8714$$

　上記の計算よりzが－1.133以下になる確率は0.8714となる。したがって、zが－1.133以上0以下になる確率は0.3714（0.8714－0.5）となる。

1.2　zが1.20以下0以上になる確率
　標準正規分布表よりzが1.20の確率は0.8849となる。したがって、zが1.20以下0以上になる確率は0.3849（0.8849－0.5）となる。
1.3　1.1および1.2よりzが－1.133以上1.20以下になる確率は下記のように計算される。

　0.3714 + 0.3849 = 0.7563

答　0.7563

付　録

【練習問題2】

① 　期待リターン ＝ 7% × 0.3 + 6% × 0.7 = 6.3%
　　ポートフォリオのリスク（分散）は下記の算式により算出される。
　　リスク（分散）　＝ $a^2 \sigma_x^2 + 2ab\, r_{xy} \sigma_x \sigma_y + b^2 \sigma_y^2$
　　　　　　　　　＝ $0.3^2 \times 0.2^2 + 2 \times 0.3 \times 0.7 \times 0.85 \times 0.2 \times 0.12 + 0.7^2 \times 0.12^2$
　　　　　　　　　＝ 0.01922
　　リスク（標準偏差）＝ $\sqrt{0.01922}$ = 13.865% ≒ 13.87%

　　ただし、
　　株式Xの組み入れ比率：a
　　株式Yの組み入れ比率：b
　　株式Xのリターンの標準偏差：σ_x
　　株式Yのリターンの標準偏差：σ_y
　　株式Xと株式Yのリターンの相関係数：r_{xy}
　　　　　　　　　　<u>答　期待リターン6.3%　リスク（標準偏差）13.87%</u>

② 　相関係数が0の場合
　　リスク（分散）　＝ $a^2 \sigma_x^2 + b^2 \sigma_y^2$
　　　　　　　　　＝ $0.3^2 \times 0.2^2 + 0.7^2 \times 0.12^2$
　　　　　　　　　＝ 0.01066
　　リスク（標準偏差）＝ $\sqrt{0.01066}$ = 10.323% ≒ 10.32%

　　相関係数が－0.85の場合
　　リスク（分散）　＝ $a^2 \sigma_x^2 + 2ab r_{xy} \sigma_x \sigma_y + b^2 \sigma_y^2$
　　　　　　　　　＝ $0.3^2 \times 0.2^2 + 2 \times 0.3 \times 0.7 \times (-0.85) \times 0.2 \times 0.12 + 0.7^2 \times 0.12^2$
　　　　　　　　　＝ 0.00209
　　リスク（標準偏差）＝ $\sqrt{0.00209}$ = 4.569% ≒ 4.57%

　　　　<u>答　相関係数が0の場合10.32%、相関係数が－0.85の場合4.57%</u>
　　<u>答　ポートフォリオを作る場合、相関係数の小さい証券を組み合わせた</u>
　　<u>方がリスクを低く抑えることができる。</u>

③ 　このポートフォリオのリターンは期待値6.3%、標準偏差10.32%の正規分布に従うので、この分布を標準化する。ポートフォリオのリターンをTとすると、標準化の公式より

　　　　$Z = \dfrac{T - 6.3\%}{10.32\%}$　となり

Tが0の場合、Z = − 6.3 ÷ 10.32 ≒ − 0.61
Tが正となる確率はZが−0.61以上となる確率なので、Zが0.61以下となる確率に等しくなり、標準正規分布表より、0.7291が求められる。
∴ ポートフォリオのリターンが正となる確率は72.91%となる。

答　72.91%

④　期待リターン $= \dfrac{-2}{5} \times 6\% + \dfrac{5+2}{5} \times 7\% = 7.4\%$

答　7.4%

【練習問題3】

Xの取り得る値は、0, 1, 2, 3であり、r回表が出る確率は

$$_3C_r \left(\dfrac{1}{2}\right)^r \left(\dfrac{1}{2}\right)^{3-r} = {_3C_r}\left(\dfrac{1}{2}\right)^3$$

となるので、上記の式のrに0, 1, 2, 3を代入すると下記の表の確率分布が得られる。

X	0	1	2	3	計
P	$\dfrac{1}{8}$	$\dfrac{3}{8}$	$\dfrac{3}{8}$	$\dfrac{1}{8}$	1

$E(X) = \dfrac{3}{8} + \dfrac{3}{8} \times 2 + \dfrac{1}{8} \times 3 = 1.5$

$Var(X) = E(X^2) - E(X)^2 = (\dfrac{3}{8} + \dfrac{3}{8} \times 2^2 + \dfrac{1}{8} \times 3^2) - 1.5^2$

　　　　$= 0.75$

Y = 2X − 2　なので、
$E(Y) = E(2X-2) = 2E(X) - 2$
　　　$= 2 \times 1.5 - 2 = 1$

また、$Var(Y) = Var(2X-2) = 2^2 Var(X)$
　　　　　　$= 4 \times 0.75 = 3$

Yの確率分布は下記の表のようになる。

Y	−2	0	2	4	計
P	$\dfrac{1}{8}$	$\dfrac{3}{8}$	$\dfrac{3}{8}$	$\dfrac{1}{8}$	1

答　平均　1　分散　3

付　録

【練習問題４】
　１が出る回数をXと置くと、Xは二項分布$B(720, \frac{1}{6})$に従う。
　２項分布の平均μおよび標準偏差σは下記の算式により計算される。

$$\mu = 720 \times \frac{1}{6} = 120 \quad \sigma = \sqrt{720 \times \frac{1}{6} \times \frac{5}{6}} = 10$$

したがって、
$$B(720, \frac{1}{6}) \longrightarrow N(120, 10^2)$$

$Z = \frac{X - 120}{10}$と置き換えると、Zは標準正規分布$N(0, 1)$に従う。
Xが110のとき、$Z = -1$、Xが130のとき、$Z = 1$となるので、標準正規分布表を使って、$P(-1 \leq Z \leq 1)$となる確率は、$(0.8413 - 0.5) \times 2 = 0.6826$となる。

答　0.6826

２．母集団と標本

【練習問題１】
① 標本平均を$\bar{X}$とすると、$\bar{X}$の平均および標準偏差は下記の算式により、算出できる。

$$E(\bar{X}) = 母平均 = 200$$

$$\sigma(\bar{X}) = \frac{母標準偏差}{\sqrt{n}} = \frac{32}{\sqrt{400}} = 1.6$$

　また、nは十分大きいので、標本平均$\bar{X}$は正規分布$N(200, 1.6^2)$に従うとみなすことができるので、これを標準化し、標準正規分布表より下記の確率を求めることができる。

$$Z = \frac{\bar{X} - 200}{1.6} と置くことにより、Z = \frac{204 - 200}{1.6} = 2.5$$

∴　$P(2.5 \leq Z) = 1 - 0.9938 = 0.0062$

答　0.0062

② ①と同様に、

$$Z = \frac{199.2 - 200}{1.6} = -0.5$$

$$Z = \frac{202.4 - 200}{1.6} = 1.5$$

と変換できるので、標準正規分布表でP($-0.5 \leq Z \leq 1.5$)を求めればよいことになる。
P($-0.5 \leq Z \leq 0$)となる確率は、$0.6915 - 0.5 = 0.1915$となり
P($0 \leq Z \leq 1.5$)となる確率は$0.9332 - 0.5 = 0.4332$となるので、
P($-0.5 \leq Z \leq 1.5$) $= 0.1915 + 0.4332 = 0.6247$
となる。

答　0.6247

【練習問題２】
母標準偏差をσ、標本のサイズをnとすると、
標本平均の分散$= \dfrac{\sigma^2}{n}$となる。
母平均$= (2 + 4 + 6 + 8) \div 4 = 5$
$\sigma^2 = (2^2 + 4^2 + 6^2 + 8^2) \div 4 - 5^2 = 5$
∴標本平均の分散$= \dfrac{5}{2} = 2.5$

答　2.5

3．回帰分析

【練習問題１】
① Topixに対する株式Yのリターンの感応度は0.4なので、以下の算式が成立する。

$0.4 =$ 相関係数 $\times \dfrac{\text{株式Yのリターンの標準偏差}}{\text{Topixのリターンの標準偏差}}$

$=$ 相関係数 $\times \dfrac{0.12}{0.15}$

これを解き、
相関係数 $= 0.4 \times \dfrac{0.15}{0.12} = 0.5$

答　0.5

② 決定係数は相関係数の２乗の値なので、
決定係数（r^2）$= 0.5^2 = 0.25$

答　0.25

③ 回帰直線の算式より、
$b = \mu_y - a\mu_x$

205

付　録

　　　　$a = 0.4$、$\mu_x = 0.05$、$\mu_y = 0.03$なので、
　　　　$b = 0.03 - 0.4 \times 0.05 = 0.01$

答　0.01

④　$Y = 0.4X + 0.01 \leq X$　を解き、
　　$0.0166\cdots \leq X$

答　1.7%

【練習問題２】
①　市場リスク（標準偏差）$= |\beta| \times \sigma_m = 1.2 \times 0.2 = 0.24$

答　24%

②　トータルリスク（分散）$= \beta^2 \mathrm{Var}(R_m) + \mathrm{Var}(\varepsilon)$
　　　　　　　　　　　　$= (-0.5)^2 \times 0.2^2 + 0.1^2$
　　　　　　　　　　　　$= 0.02$
∴　トータルリスク（標準偏差）$= \sqrt{0.02} \fallingdotseq 0.1414$

答　14.1%

③　$\beta = 相関係数 \times \dfrac{株式リターンの標準偏差}{市場ポートフォリオのリターンの標準偏差}$　なので、

　　相関係数 $= \beta \times \dfrac{市場ポートフォリオのリターンの標準偏差}{株式リターンの標準偏差}$

　　　　　　$= -0.5 \times \dfrac{0.2}{\sqrt{0.02}} \fallingdotseq -0.707$

答　-0.71

４．時間と期待値・分散・標準偏差の関係

【練習問題】
①　μ（期待リターン、%）$= 2\% \times \dfrac{60}{250} = 0.48\%$

　　σ（標準偏差、%）$= 10\% \times \sqrt{\dfrac{60}{250}} \fallingdotseq 4.90\%$

　　$\mu + 1\sigma = 1000 \times (0.48\% + 4.90\%) = 53.8$　（変動額）
　　$\mu - 1\sigma = 1000 \times (0.48\% - 4.90\%) = -44.2$　（変動額）
∴　$\mu + 1\sigma$（絶対値）$= 1000 + 53.8 = 1053.8 \fallingdotseq 1054$
　　$\mu - 1\sigma$（絶対値）$= 1000 - 44.2 = 955.8 \fallingdotseq 956$

答　956〜1054

② n営業日後の標準偏差（％）＝ $\sigma \times \sqrt{\dfrac{n}{250}}$ から、

$$\dfrac{1120-1000}{1000} = 2 \times 10\% \times \sqrt{\dfrac{n}{250}}$$

これを解き、

n＝90

答　90営業日後

5．推　定

【練習問題１】

① 正規分布に従う母集団について、標本のサイズが30以上で母分散が既知の場合、母平均μの信頼度99％の信頼区間は標準正規分布表を使い、下記の算式で計算される。

$$\bar{X} - 2.58 \times \dfrac{\sigma}{\sqrt{n}} \leq \mu \leq \bar{X} + 2.58 \dfrac{\sigma}{\sqrt{n}}$$

n：標本サイズ
$\bar{X}$：標本平均
σ：母標準偏差

上記の式に従い、

$$20 - 2.58 \times \dfrac{1}{\sqrt{100}} \leq \mu \leq 20 + 2.58 \times \dfrac{1}{\sqrt{100}}$$

∴　$19.742 \leq \mu \leq 20.258$

答　19.7以上20.3以下

② 正規分布に従う母集団でも、標本のサイズが30未満の場合、標準正規分布表ではなくt分布表を使って計算する。26人の標本では自由度が25（26－1）となる。また、母分散が未知の場合は標本の不偏分散を求めて母分散を推計する。以上より、母平均μの信頼度95％の信頼区間は下記の算式で計算される。

$$\bar{X} - 2.060 \times \dfrac{U}{\sqrt{n}} \leq \mu \leq \bar{X} + 2.060 \times \dfrac{U}{\sqrt{n}}$$

$$U = \sqrt{\dfrac{n}{n-1}}\, s \quad \text{から、}$$

付　録

$$\bar{X} - 2.060 \times \frac{s}{\sqrt{n-1}} \leq \mu \leq \bar{X} + 2.060 \times \frac{s}{\sqrt{n-1}}$$

　n：標本サイズ
　$\bar{X}$：標本平均
　s：標本標準偏差
　U：不偏標準偏差

上記の式に従い、

$$20 - 2.06 \times \frac{1}{\sqrt{25}} \leq \mu \leq 20 + 2.06 \times \frac{1}{\sqrt{25}}$$

$$\therefore\ 19.588 \leq \mu \leq 20.412$$

<u>答　19.6以上20.4以下</u>

③　どのような母集団についても、標本のサイズが十分大きい場合は標本平均の分布は正規分布とみなすことができる。また、母分散は標本分散で近似できるので、母平均μの信頼度95％の信頼区間は標準正規分布表を使い、下記の算式で計算される。

$$\bar{X} - 1.96 \times \frac{s}{\sqrt{n}} \leq \mu \leq \bar{X} + 1.96 \times \frac{s}{\sqrt{n}}$$

　n：標本サイズ
　$\bar{X}$：標本平均
　s：標本標準偏差

上記の式に従い、

$$20 - 1.96 \times \frac{1}{\sqrt{900}} \leq \mu \leq 20 + 1.96 \times \frac{1}{\sqrt{900}}$$

$$\therefore\ 19.93 \leq \mu \leq 20.07$$

<u>答　19.9以上20.1以下</u>

④　正規分布に従う母集団の信頼度95％の区間推定幅は下記の算式により計算される。

$$2 \times 1.96 \times \frac{\sigma}{\sqrt{n}}$$

したがって、

$$2 \times 1.96 \times \frac{1.5}{\sqrt{n}} \leq 0.5$$

$$2 \times 1.96 \times \frac{1.5}{0.5} \leq \sqrt{n}\quad \text{これを解き、}$$

138.3 ≦ n

答　約140人

【練習問題２】
　標本のサイズ n が十分大きいとき、信頼度95％での母比率 p の信頼区間は下記の算式に従う。

$$\bar{p} - 1.96 \times \sqrt{\frac{\bar{p}(1-\bar{p})}{n}} \leq p \leq \bar{p} + 1.96 \times \sqrt{\frac{\bar{p}(1-\bar{p})}{n}}$$

　n：標本サイズ
　$\bar{p}$：標本比率
　p：母比率

上記の式に従い、
$\bar{p} = 200 \div 1000 = 0.2$

$$0.2 - 1.96 \times \sqrt{\frac{0.2(1-0.2)}{1000}} \leq p \leq 0.2 + 1.96 \times \sqrt{\frac{0.2(1-0.2)}{1000}}$$

これを解き　$0.175 \leq p \leq 0.224$

答　18％以上22％以下

６．検　定

【練習問題１】
① 対立仮説　$H_1: \mu > 500$　vs　帰無仮説　$H_0: \mu = 500$
　標本数が小さく、母分散が既知なので、ｔ分布表を使い、下記の算式より有意水準５％の右側片側検定を行うことにより判断する。

$$T（検定統計量）= \frac{（標本平均 - 母平均）}{\sqrt{\frac{母分散}{標本数}}}$$

$$= \frac{501.5 - 500}{\sqrt{\frac{25}{25}}} = 1.5 < 1.711 \quad （t_{24}(0.05)の値）$$

上記の結果から、H_0 は棄却されず、表示は過小とはいえない。

答　表示は過小とはいえない（または結論保留）

② 対立仮説　$H_1: \mu < 500$　vs　帰無仮説　$H_0: \mu = 500$
　母分散が未知であるが標本数が十分大きいので、標準正規分布表を使い、下記

の算式より有意水準5％の左側片側検定を行うことにより判断する。

$$T（検定統計量）=\frac{(標本平均-母平均)}{\sqrt{\dfrac{母分散}{標本数}}}$$

標本数が十分大きいので、
　　　　母分散＝不偏分散≒標本分散
なので、

$$T=\frac{498-500}{\sqrt{\dfrac{25}{200}}}=-5.66<-1.65$$

上記の結果から、H_0は棄却され、表示は過大といえる。

　　　　　　　　　　　　　　　　　　　答　表示は過大である

③　対立仮説　$H_1：\mu\neq 500$　vs　帰無仮説　$H_0：\mu=500$

母分散が未知であるが標本数が十分大きいので、標準正規分布表を使い、下記の算式より有意水準5％の両側検定を行うことにより判断する。

$$T（検定統計量）=\frac{(標本平均-母平均)}{\sqrt{\dfrac{母分散}{標本数}}}$$

標本数が十分大きいので、
　　　　母分散＝不偏分散≒標本分散
なので、

$$T=\frac{498-500}{\sqrt{\dfrac{25}{100}}}=-4<-1.96$$

上記の結果から、H_0は棄却され、機械に不具合が生じているといえる。

　　　　　　　　　　　　　　　　　　　答　機械に不具合が生じている

【練習問題２】

対立仮説　$H_1：\mu>-5\%$　vs　帰無仮説　$H_0：\mu=-5\%$

母分散が未知で標本数が小さいので、ｔ分布表を使い、下記の算式より自由度15（16－1）における有意水準5％の右側片側検定を行うことにより判断する。

$$T（検定統計量）=\frac{(標本平均-母平均)}{\sqrt{\dfrac{不偏分散}{標本数}}}$$

$$T = \frac{0-(-0.05)}{\sqrt{\dfrac{0.1 \times 0.1}{16}}} = 2.0 > 1.753 \ (t_{15}(0.05) \text{の値})$$

上記の結果から、H_0は棄却され、5月の株価リターンは年率－5％より大きいといえる。

<u>答　5月の株価リターンは年率－5％より大きい</u>

索　引

あ
アクチャル・ボラティリティ........43

い
異常値..32
移動平均....................................30
インフォメーション・レシオ........49
インプライド・ボラティリティ....43

え
エラー・ターム........................147

か
回帰曲線..................................131
回帰直線................131, 133, 137
回帰分析..................................129
階級....................................35, 55
階級値.......................................35
確率...20
確率分布....................................79
確率分布関数............................81
確率変数............75, 76, 107, 143
確率変数の積..........................111
確率変数の独立性....................109
確率変数の和..........................111
確率密度関数..............81, 82, 90
加重移動平均............................30
加重平均....................................28
加重平均株価............................29
片側検定..................................171
合併分布..................................103

カテゴリーデータ........................12
関数..129

き
棄却域......................................171
危険率......................................170
記述統計学................................19
期待値................................27, 78
期待リターン..................143, 150
帰無仮説..................................170
共分散.................................23, 62
金融理論上のトータルリスク....47

く
区間推定..................................157

け
決定係数..................................139
検定..169
検定統計量..............................174

こ
誤差項.....................................147

さ
最小二乗法..............................133
採択域......................................171
最頻値.......................................35
残差...140
算術平均....................................26
散布図.......................................59
サンプリング............................15

索　引

し

- シグマ（σ）……39
- 時系列データ……14
- 試行……77
- 事象……77
- 市場モデル……146
- 市場リスク……148
- システマティック・リスク……148
- 資本資産価格モデル……143
- シャープ・レシオ……49
- 従属変数……129
- 自由度……40, 105
- 周辺確率変数……107
- 情報……11
- 信頼区間……157
- 信頼係数……157
- 信頼度……157

す

- 推測統計学……19
- 垂直データ……13
- 推定……155
- 推定値……156
- 水平データ……14
- 数学的確率……21
- 数学的確率変数……76
- 数値データ……12

せ

- 正規分布……90, 98
- 正規分布の加法性……102
- 正規分布の標準化……98
- 正の相関……60, 64
- ｚ検定……175
- 切片……131

- 説明変数……129

そ

- 相加平均……26
- 相関係数……23, 66
- 相関図……59

た

- 大数の法則……85
- 対数変化率……46
- 対立仮説……170
- 単純移動平均……30
- 単純平均……26
- 単純平均株価……29

ち

- 中位数……35
- 中央値……35
- 抽出……15, 118
- 中心極限定理……127

て

- ｔ検定……175
- ｔ分布……104, 164
- 定数……76
- 点推定……157

と

- 統計学……19
- 導関数……82, 136
- 統計的確率……21
- 統計的確率変数……76
- 統計量……23, 39, 121
- 同時確率分布……109
- 同時確率変数……107
- 同時確率変数の期待値……109

213

索　引

同時確率変数の分散 …………… 109
投資収益率 …………………… 46
投資利回り …………………… 46
トータル・リスク ………… 47, 147
独立変数 ……………………… 129
度数 …………………………… 35
度数分布表 …………………… 36

に

二項分布 ……………………… 85

は

背理法 ………………………… 169
外れ値 ………………………… 32

ひ

ピアソンの積率相関係数 ……… 66
非カテゴリーデータ ………… 12
非市場リスク ………………… 148
非システマティック・リスク … 148
非数値データ ………………… 12
ヒストグラム ………………… 55
ヒストリカル・ボラティリティ … 43
被説明変数 …………………… 130
ビッグ・データ ……………… 13
非復元抽出 …………………… 119
標準正規分布 …………… 98, 158
標準正規分布表 ……………… 98
標準誤差 ……………………… 158
標準偏差 ……… 23, 38, 52, 54, 83, 150
標本 …………………… 14, 117
標本標準偏差 ………………… 121
標本分散 ………………… 121, 164
標本分散の平均 ……………… 125
標本平均 ……………………… 121
標本平均の分散 ……………… 124

ふ

復元抽出 ……………………… 118
負の相関 ………………… 60, 64
不偏推定量 …………………… 160
不偏標準偏差 ……… 43, 158, 162
不偏分散 ………………… 40, 162
不偏平均 ……………………… 161
分散 ……………… 23, 38, 52, 83, 150
分布 …………………………… 55

へ

平均 ……………… 23, 38, 52, 53
β 値 ……………………… 144
偏差 …………………………… 39
偏差値 ………………………… 44
変動係数 ……………………… 44

ほ

ポアソン分布 ………………… 89
ポートフォリオのリスク …… 104
ポートフォリオのリターン … 104
母集団 …………………… 14, 117
母標準偏差 …………………… 121
母比率 ………………………… 165
母分散 ………………………… 121
母平均 ……………… 121, 158, 173
ボラティリティ ……………… 43
ボリンジャーバンド ………… 69

ま

マーケット・モデル ………… 146

み

ミュー ………………………… 27

む

無限母集団 121
無作為抽出 17
無相関 60

め

命題 169
メディアン 23, 35

も

モード 23, 35

ゆ

有意水準 170
有限母集団 120

り

離散的確率変数の分布 85
離散的確率変数 77, 82, 83
リスク 46, 48
リスク調整後のリターン 48
リスク・プレミアム 49
リスク・フリー・レート 50
リターン 46, 48
両側検定 171

る

累積確率 81
累積分布関数 81

れ

連続的確率変数 77, 80

CAPM 143, 147
Expectation 27
null hypothesis 170
random variable 76
S&P500 29
stochastic variable 76
TOPIX 29
Var 42
Variance 42
VWAP 29
μ 27
σ 39

―――― 著者略歴 ――――

石原 健次郎（いしはら・けんじろう）
　京都大学工学部、ミシガン大学経営大学院卒（MBA）
　金融コンサルタント
　日本証券アナリスト協会検定会員
　大手米系投資銀行にて、長年オプションのリスク管理等を経験。
　著書に『オプション取引活用術』（小社刊）など。

証券分析のための統計学入門

2015年9月15日　初版第1刷発行

〔検印廃止〕　著　者　石　原　健　次　郎
　　　　　　　発行者　酒　井　敬　男

発行所　株式会社ビジネス教育出版社
〒102-0074　東京都千代田区九段南4-7-13
☎03(3221)5361(代表)　FAX：03(3222)7878
E-mail info@bks.co.jp　http://www.bks.co.jp

落丁・乱丁はお取り替えいたします　　印刷・製本／㈱啓文堂
ISBN978-4-8283-0579-0

本書のコピー、スキャン、デジタル化等の無断複写は、著作権法上での例外を除き禁じられています。購入者以外の第三者による本書のいかなる電子複製も一切認められておりません。